MOEWIG

Seit Jahrhunderten
erzählt man sich Sagen,
und bis heute
haben diese nichts von ihrer
Anziehungskraft und Spannung
verloren. Die Reihe
»Sagen aus aller Welt«
präsentiert die bekanntesten und
beliebtesten Sagen aus den
unterschiedlichsten Kulturkreisen.

Folgende Titel liegen vor:

Deutsche Volkssagen

Sagen zur deutschen Geschichte

Germanische Göttersagen

Europäische Rittersagen

Europäische Volkssagen

Griechische Göttersagen

Griechische Heldensagen

Römische Sagen

Jüdische Sagen

Asiatische Sagen

Griechische Göttersagen

Verlagsunion Erich Pabel-Arthur Moewig KG, Rastatt

2. Auflage

Zusammengestellt und bearbeitet von Dr. Petra Gallmeister
Umschlagentwurf und -gestaltung: Werbeagentur Zeuner, Ettlingen
Auslieferung in Österreich:
Pressegroßvertrieb Salzburg Gesellschaft m.b.H.,
Niederalm 300, A-5081 Anif
Printed in France 1991
Druck und Bindung: Brodard & Taupin, La Flèche, Frankreich
ISBN 3-8118-6077-1 (60er-Kassette)

Inhalt

Prometheus

Himmel und Erde waren geschaffen: Das Meer wogte in seinen Ufern, und die Fische sprangen darin; in den Lüften sangen beflügelt die Vögel; der Erdboden wimmelte von Tieren. Aber noch fehlte es an dem Geschöpf, dessen Leib so beschaffen war, daß der Geist in ihm Wohnung machen und von ihm aus die Erdenwelt beherrschen konnte. Da betrat Prometheus die Erde, ein Sprößling des alten Göttergeschlechtes, das Zeus entthront hatte, ein Sohn des erdgeborenen Uranossohnes Iapetos, kluger Erfindung voll. Dieser wußte wohl, daß im Erdboden der Same des Himmels schlummmerte, darum nahm er vom Tone, befeuchtete denselben mit dem Wasser des Flusses, knetete ihn und formte daraus ein Gebilde nach dem Ebenbild der Götter, der Herren der Welt. Diesen seinen Erdenkloß zu beleben, entlehnte er allenthalben von den Tierseelen gute und böse Eigenschaften und schloß sie in die Brust des Menschen ein. Unter den Himmlischen hatte er eine Freundin, Athene, die Göttin der Weisheit. Diese bewunderte die Schöpfung des Titanensohnes und blies dem halbbeseelten Bilde den Geist, den göttlichen Atem ein.

So entstanden die ersten Menschen und füllten bald vervielfältigt die Erde. Lange aber wußten diese nicht, wie sie sich ihrer edlen Glieder und des empfangenen Götterfunkens bedienen sollten. Sehend sahen sie umsonst, hörten hörend nicht; wie Traumgestalten liefen sie umher und wußten sich der Schöpfung nicht zu bedienen. Unbekannt war ihnen die Kunst, Steine auszugraben und zu behauen, aus Lehm Ziegel zu brennen, Balken aus dem gefällten Holze des Waldes zu zimmern und mit allem diesem Häuser zu erbauen. Unter der Erde, in sonnenlosen Höhlen, wimmelte es von ihnen wie von beweglichen Ameisen; nicht den Winter, nicht den blütenvollen Frühling, nicht den früchtereichen Sommer kannten sie an sicheren Zeichen, planlos war alles, was sie verrichteten. Da nahm sich Prometheus seiner Geschöpfe an; er lehrte sie den Auf- und Niedergang der Gestirne beobachten, erfand ihnen die Kunst zu zahlen, der Buchstabenschrift, lehrte sie Tiere ans Joch spannen und zu Genossen ihrer Arbeit brauchen, gewöhnte die Rosse an Zügel und Wagen; erfand Nachen und Segel für die Schiffahrt. Auch fürs übrige Leben sorgte er den Menschen. Früher, wenn einer krank wurde, wußte er kein Mittel, nicht, was von Speise und Trank ihm zuträglich sei, kannte kein Salböl zur Linderung seiner Schäden; sondern aus Mangel an Arzneien starben sie elendiglich dahin. Darum zeigte ihnen Prometheus die Mischung milder Heilmittel, allerlei Krankheiten damit zu vertreiben. Dann lehrte er sie die Wahrsagerkunst, deutete ihnen Vorzeichen und Träume, Vogelflug und Opferschau. Ferner führte er ihren Blick unter die Erde und ließ sie hier das Erz, das Eisen, das Silber und das Gold entdecken; kurz, in alle Bequemlichkeiten und Künste des Lebens leitete er sie ein.

Im Himmel herrschte mit seinen Kindern seit kurzem Zeus, der seinen Vater Kronos entthronte und das alte Göttergeschlecht, von welchem auch Prometheus abstammte, gestürzt hatte.

Jetzt wurden die neuen Götter aufmerksam auf das eben entstandene Menschenvolk. Sie verlangten Verehrung von

Zeus

ihm für den Schutz, welchen sie demselben angedeihen zu lassen bereitwillig waren. Zu Mekone in Griechenland ward ein Tag gehalten zwischen Sterblichen und Unsterblichen und Rechte und Pflichten der Menschen bestimmt. Bei dieser Versammlung erschien Prometheus als Anwalt seiner Menschen, dafür zu sorgen, daß die Götter für die übernommenen Schutzämter den Sterblichen nicht allzu lästige Gebühren auferlegen möchten. Da verführte den Titanensohn seine Klugheit, die Götter zu betrügen. Er schlachtete im Namen seiner Geschöpfe einen großen Stier, davon sollten die Himmlischen wählen, was sie für sich davon verlangten. Er hatte aber nach Zerstückelung des Opfertieres zwei Haufen gemacht; auf die eine Seite legte er das Fleisch, das Eingeweide und den Speck, in die Haut des Stieres zusammengefaßt, und den Magen oben darauf, auf die andere die kahlen Knochen, künstlich in das Unschlitt des Schlachtopfers eingehüllt. Und dieser Haufen war der größere. Zeus, der Göttervater, der allwissende, durchschaute seinen Betrug und sprach: „Sohn des Iapetos, erlauchter König, guter Freund, wie ungleich hast du die Teile geteilt!“ Prometheus glaubte jetzt erst recht, daß er ihn betrogen, lächelte bei sich selbst uns sprach: „Erlauchter Zeus, größter der ewigen Götter, wähle den Teil, den dir dein Herz im Busen anrät zu wählen.“ Zeus ergrimmte im Herzen, aber geflissentlich faßte er mit beiden Händen das weiße Unschlitt. Als er es nun auseinandergedrückt und die bloßen Knochen gewahrte, stellte er sich an, als entdecke er jetzt eben den Betrug, und zornig sprach er: „Ich sehe wohl, Freund Iapetionide, daß du die Kunst des Truges noch nicht verlernt hast!“

Zeus beschloß sich an Prometheus für seinen Betrug zu rächen und versagte den Sterblichen die letzte Gabe, derer sie zur vollendeteren Gesittung bedurften, das Feuer. Doch auch dafür wußte der schlaue Sohn des Iapetos Rat. Er nahm den langen Stengel des markigen Riesenfenchels, näherte sich mit ihm dem vorüberfahrenden Sonnenwagen und setzte so den Stengel in glostenden Brand. Mit diesem Feuerzunder kam er hernieder auf die Erde, und bald loderte der erste Holzstoß gen Himmel. In innerster Seele schmerzte es den Donnerer, als er den fernhinleuchtenden Glanz des Feuers unter den Menschen emporsteigen sah. Sofort formte er, da des Feuers Gebrauch den Sterblichen nicht mehr zu nehmen war, ein neues Übel für sie. Der seiner Kunst wegen berühmte Feuergott Hephaistos mußte ihm das Scheinbild einer schönen Jungfrau fertigen. Athene selbst, die, auf Prometheus eifersüchtig, ihm abhold geworden war, warf dem Bild ein weißes, schimmerndes Gewand über, ließ ihr einen Schleier über das Gesicht wallen, den das Mädchen mit den Händen geteilt hielt, bekränzte ihr Haupt mit frischen Blumen und umschlang es mit einer goldenen Binde, die gleichfalls Hephaistos seinem Vater zulieb kunstreich verfertigt und mit bunten Tiergestalten herrlich verziert hatte. Hermes, der Götterbote, mußte dem holden Gebilde Sprache verleihen und Aphrodite allen Liebreiz. Also hatte Zeus unter der Gestalt eines Guten ein blendendes Übel geschaffen; er nannte das Mägdlein Pandora, das heißt die Allbeschenkte, denn jeder der Unsterblichen hatte ihr irgendein unheilbringendes Geschenk für die Menschen mitgegeben. Darauf führte er die Jungfrau hernieder auf die Erde, wo Sterbliche vermischt mit den Göttern lustwandelten. Alle miteinander bewunderten die unvergleichliche Gestalt. Sie aber schritt zu Epimetheus, dem argloseren Bruder des Prometheus, ihm das Geschenk des Zeus zu bringen. Vergebens hatte diesen der Bruder gewarnt, niemals ein Geschenk vom olympischen Herrscher anzunehmen, damit dem Menschen kein Leid dadurch widerführe, sondern es sofort zurückzusenden. Epimetheus, dieses Wortes uneingedenk, nahm die schöne Jungfrau mit Freuden auf und empfand das Übel erst, als er es hatte. Denn bisher lebten die Geschlechter der Menschen, von seinem Bruder beraten, frei vom Übel, ohne beschwerliche Arbeit, ohne quälende Krankheit. Das Weib aber trug in den Händen ihr Geschenk, ein großes Gefäß, mit einem Deckel versehen. Kaum bei Epimetheus angekommen, schlug sie den Deckel zurück, und alsbald entflog dem Gefäße eine Schar von Übeln und verbreitete sich mit Blitzesschnelle über die Erde. Ein einziges Gutes war zuunterst in dem Fasse verborgen, die Hoffnung; aber auf den Rat des Göttervaters warf Pandora den Deckel wieder zu, ehe sie herausflattern konnte, und verschloß sie für immer in dem Gefäß. Das Elend füllte inzwischen in allen Gestalten Erde, Luft und Meer. Die Krankheiten irrten bei Tag und bei Nacht unter den Menschen umher, heimlich und schweigend, denn Zeus hatte ihnen keine Stimme gegeben; eine Schar von Fiebern hielt die Erde belagert, und der Tod, früher nur langsam die Sterblichen beschleichend, beflügelte seinen Schritt.

Darauf wandte sich Zeus mit seiner Rache gegen Prometheus. Er übergab den Verbrecher dem Hephaistos und seinen Dienern, dem Kratos und der Bia (dem Zwang und der Gewalt). Diese mußten ihn in die skythischen Einöden schleppen und hier, über einem schauderhaften Abgrund, an eine Felswand des Berges Kaukasus mit unauflöslichen Ketten schmieden. Ungern vollzog Hephaistos den Auftrag seines Vaters, er liebte in dem Titanensohn den verwandten Abkömmling seines Urgroßvaters Uranos, den ebenbürtigen Göttersprößling. Unter mitleidsvollen Worten und von den rohen Knechten gescholten, ließ er diese das grausame Werk vollbringen. So mußte nun Prometheus an der freudlosen

Klipppe hängen, aufrecht, schlaflos, niemals imstande, das müde Knie zu beugen. „Viele vergebliche Klagen und Seufzer wirst du versenden", sagte Hephaistos zu ihm, „denn des Zeus' Sinn ist unerbittlich, und alle, die erst seit kurzem die Herrschergewalt an sich gerissen, sind hartherzig." Wirklich sollte auch die Qual des Gefangenen ewig oder doch dreißigtausend Jahre dauern. Obwohl laut aufseufzend und Winde, Ströme, Quellen und Meereswellen, die Allmutter Erde und den allschauenden Sonnenkreis zu Zeugen seiner Pein aufrufend, blieb er doch ungebeugten Sinnes. „Was das Schicksal beschlossen hat", sprach er, „muß derjenige tragen, der die unbezwingliche Gewalt der Notwendigkeit einsehen gelernt hat." Auch ließ er sich durch keine Drohungen des Zeus bewegen, die dunkle Weissagung, daß dem Götterherrscher durch einen neuen Ehebund Verderben und Untergang bevorstehe, näher auszudeuten. Zeus hielt Wort; er sandte dem Gefesselten einen Adler, der als täglicher Gast an seiner Leber zehren durfte, die sich, abgeweidet, immer wieder erneuerte. Diese Qual sollte nicht eher aufhören, bis ein Ersatzmann erscheinen würde, der durch freiwillige Übernahme des Todes gewissermaßen sein Stellvertreter zu werden sich erböte.

Jener Zeitpunkt erschien früher, als der Verurteilte nach dem Spruch des Göttervaters erwarten durfte. Als er viele Jahre an dem Felsen gehangen, kam Herakles des Weges, auf der Fahrt nach den Hesperiden und ihren Äpfeln begriffen. Wie er den Götterenkel am Kaukasus hängen sah und sich seines guten Rates zu erfreuen hoffte, erbarmte ihn sein Geschick, denn er sah zu, wie der Adler, auf den Knien des Prometheus sitzend, an der Leber des Unglücklichen fraß. Da legte er Keule und Löwenhaut hinter sich, spannte den Bogen, entsandte den Pfeil und schoß den grausamen Vogel von der Leber des Gequälten hinweg. Hierauf löste er seine Fesseln und führte den Befreiten mit sich davon. Damit aber Zeus' Bedingung erfüllt würde, stellte er ihm als Ersatzmann den Zentauren Chrion, der erbötig war, an jenes Statt zu sterben; denn vorher war er unsterblich. Auf daß jedoch des Kroniden Urteil, der den Prometheus auf weit längere Zeit an den Felsen gesprochen hatte, auch so nicht unvollzogen bliebe, so mußte Prometheus fortwährend einen eisernen Ring tragen, an welchem sich ein Steinchen von jenem Kaukasusfelsen befand. So konnte sich Zeus rühmen, daß sein Feind noch immer an den Kaukasus angeschmiedet lebte.

Io

Inachos, der uralte Stammesfürst und König der Pelasger, hatte eine bildschöne Tochter mit Namen Io. Auf sie war der Blick des Zeus, des olympischen Herrschers, gefallen, als sie auf der Wiese von Lerna der Herden ihres Vaters pflegte. Der Gott ward von Liebe zu ihr entzündet, trat zu ihr in Menschengestalt und fing an, sie mit verführerischen Schmeichelworten zu versuchen: „O Jungfrau, glücklich ist, der dich besitzen wird; doch ist kein Sterblicher deiner wert, und du verdienst des höchsten Gottes Braut zu sein! Wisse denn, ich bin Zeus. Fliehe nicht vor mir. Die Hitze des Mittags brennt heiß. Tritt mit mir in den Schatten des erhabenen Haines, der uns dort zur Linken in seine Kühle einlädt; was machst du dir in der Glut des Tages zu schaffen? Fürchte dich doch nicht, den dunklen Wald und die Schluchten, in welchen das Wild hauset, zu betreten. Bin doch ich da, dich zu schirmen, der Gott, der den Zepter des Himmels führt und die zackigen Blitze über den Erdboden versendet." Aber die Jungfrau floh vor dem Versucher mit eiligen Schritten, und sie wäre ihm auf den Flügeln der Angst entkommen, wenn der verfolgende Gott seine Macht nicht mißbraucht und das ganze Land in Finsternis gehüllt hätte. Rings umqualmte die Fliehende der Nebel, und bald waren ihre Schritte gehemmt durch Furcht, an einen Felsen zu rennen oder in einen Fluß zu stürzen. So kam die unglückliche Io in die Gewalt des Gottes.

Hera, die Göttermutter, war längst an die Treulosigkeit

ihres Gatten gewohnt, der sich von ihrer Liebe ab- und den Töchtern der Halbgötter und der Sterblichen zuwandte; aber sie vermochte ihren Zorn und ihre Eifersucht nicht zu bändigen, und mit immer wachem Mißtrauen beobachtete sie alle Schritte des Gottes auf der Erde. So schaute sie auch jetzt gerade auf die Gegenden hernieder, wo ihr Gemahl ohne ihr Wissen wandelte. Zu ihrem großen Erstaunen bemerkte sie plötzlich, wie der heitere Tag auf einer Stelle durch nächtlichen Nebel getrübt wurde und wie dieser weder einem Strome noch dem dunstigen Boden entsteige, noch sonst von einer natürlichen Ursache herrühre. Da kam ihr schnell ein Gedanke an die Untreue ihres Gatten; sie spähte rings durch den Olymp und sah ihn nicht. „Entweder ich täusche mich", sprach sie ergrimmt zu sich selbst, „oder ich werde von meinem Gatten schnöde gekränkt!" Und nun fuhr sie auf einer Wolke vom hohen Äther zur Erde hernieder und gebot dem Nebel, der den Entführer mit seiner Beute umschlossen hielt, zu weichen. Zeus hatte die Ankunft seiner Gemahlin geahnt, und um seine Geliebte ihrer Rache zu entziehen, verwandelte er die schöne Tochter des Inachos schnell in eine schmucke, schneeweiße Kuh. Aber auch so war die Holdselige noch schön geblieben. Hera, welche die List ihres Gemahls alsbald durchschaut hatte, pries das stattliche Tier und fragte, als wüßte sie nichts von der Wahrheit, wem die Kuh gehöre, von wannen und welcherlei Zucht sie sei. Zeus, in der Not und um sie von weiterer Nachfrage abzuschrecken, nahm seine Zuflucht zu einer Lüge und gab vor, die Kuh entstamme der Erde. Hera gab sich damit zufrieden, aber sie bat sich das schöne Tier von ihrem Gemahl zum Geschenk aus. Was sollte der betrogene Betrüger machen? Gibt er die Kuh her, so wird er seiner Geliebten verlustig; verweigert er sie, so erregt er erst recht den Verdacht seiner Gemahlin, welche der Un-

Hera

glücklichen dann rasches Verderben senden wird! So entschloß er sich denn, für den Augenblick auf die Jungfrau zu verzichten, und schenkte die schimmernde Kuh, die er noch immer für unentdeckt hielt, seiner Gemahlin. Hera knüpfte, scheinbar beglückt durch die Gabe, dem schönen Tier ein Band um den Hals und führte die Unselige, der ein verzweifeltes Menschenherz unter der Tiergestalt schlug, im Triumphe davon. Doch machte der Göttin dieser Diebstahl selbst angst, und sie ruhte nicht, bis sie ihre Nebenbuhlerin der sichersten Hut überantwortet hatte. Daher suchte sie den Argos, den Sohn des Arestor, auf, ein Ungetüm, das ihr zu diesem Dienste besonders geeignet schien. Denn Argos hatte hundert Augen im Kopfe, von denen nur ein Paar abwechslungsweise sich schloß und der Ruhe ergab, während die übrigen alle, über Vorder- und Hinterhaupt wie funkelnde Sterne zerstreut, auf ihrem Posten ausharrten. Diesen gab Hera der armen Io zum Wächter, damit ihr Gemahl Zeus die entrissene Geliebte nicht entführen könne. Unter seinen hundert Augen durfte Io, die Kuh, des Tags über auf einer fetten Trift weiden; Argos aber stand in der Nähe, und wo er sich immer hinstellen mochte, erblickte er die ihm Anvertraute; auch wenn er sich abwandte und ihr das Hinterhaupt zukehrte, hatte er Io vor Augen. Wenn aber die Sonne untergegangen war, schloß er sie ein und belastete den Hals der Unglückseligen mit Ketten. Bittre Kräuter und Baumlaub waren ihre Speise, ihr Bett der harte, nicht einmal mit Gras bedeckte Boden, ihr Trank schlammige Pfützen. Io vergaß oft, daß sie kein Mensch mehr war; sie wollte, Mitleiden erflehend, ihre Arme zu Argos erheben, da ward sie erst daran erinnert, daß sie keine Arme mehr hatte. Sie wollte ihm in Worten rührende Bitten vortragen, dann entfuhr ihrem Munde ein Brüllen, daß sie vor ihrer eigenen Stimme erschrak, welche sie daran erinnerte, wie sie durch ihres Räubers Selbstsucht in ein Tier verwandelt worden sei. Doch blieb Argos mit ihr nicht an einer Stelle, denn so hatte es ihn Hera geheißen, die durch Veränderung ihres Aufenthalts sie dem Gemahl um so gewisser zu entziehen hoffte. Daher zog ihr Wächter mit ihr im Lande herum, und so kam sie auch mit ihm in ihre alte Heimat, an das Gestade des Flusses, wo sie so oft als Kind zu spielen gepflegt hatte. Da sah sie zum erstenmal ihr Bild in der Flut; als das Tierhaupt mit Hörnern ihr aus dem Wasser entgegenblickte, schauderte sie zurück und floh bestürzt vor sich selbst. Ein sehnsüchtiger Trieb führte sie in die Nähe ihrer Schwestern, in die Nähe ihres Vaters Inachos; aber diese erkannten sie nicht; Inachos streichelte wohl das schöne Tier und reichte ihm Blätter, die er von dem nächsten Strauch pflückte; Io beleckte dankbar seine Hand und benetzte sie mit Küssen und heimlichen menschlichen Tränen. Aber wen er liebkoste und von wem er liebkost wurde, das ahnte der Greis nicht. Endlich kam der Armen, deren Geist unter der Verwandlung nicht gelitten hatte, ein glücklicher Gedanke. Sie fing an, Schriftzeichen mit dem Fuße zu ziehen, und erregte durch diese Bewegung die Aufmerksamkeit des Vaters, der bald im Staube die Kunde las, daß er sein eigenes Kind vor sich hatte. „Ich Unglückseliger", rief der Greis bei dieser Entdeckung aus, indem er sich an Horn und Nacken der stöhnenden Tochter hängte, „so muß ich dich wiederfinden, die ich durch alle Länder gesucht habe! Wehe mir, du hast mir weniger Kummer gemacht, solange ich dich suchte, als jetzt, wo ich dich gefunden habe! Du schweigst? Du kannst mir kein tröstendes Wort sagen, mir nur mit einem Gebrüll antworten! Ich Tor, einst sann ich darauf, wie ich dir einen würdigen Eidam zuführen könnte, und dachte nur an Brautfackel und Vermählung. Nun bist du ein Kind der Herde..." Argos, der grausame Wächter, ließ den jammernden Vater nicht vollenden, er riß Io von dem Vater hinweg und schleppte sie fort auf einsame Weiden. Dann klomm er selbst einen Berggipfel empor und versah sein Amt, indem er mit seinen hundert Augen wachsam nach allen vier Winden hinauslugte.

Zeus konnte das Leid der Inachostochter nicht länger ertragen. Er rief seinen geliebten Sohn Hermes und befahl ihm, seine List zu brauchen und dem verhaßten Wächter das Augenlicht auszulöschen. Dieser beflügelte seine Füße, ergriff mit der mächtigen Hand seine einschläfernde Rute und setzte seinen Reisehut auf. So fuhr er von dem Palaste seines Vaters zur Erde nieder. Dort legte er Hut und Schwingen ab und behielt nur den Stab; so stellte er einen Hirten dar, lockte Ziegen an sich und trieb sie auf die abgelegenen Fluren, wo Io weidete und Argos die Wache hielt. Dort angekommen, zog er ein Hirtenrohr, das man Syrinx nennt, hervor und fing an, anmutig und voll zu blasen, wie man von irdischen Hirten zu vernehmen nicht gewohnt ist. Der Diener Heras freute sich dieses ungewohnten Schalles, erhob sich von seinem Felsensitz und rief hernieder: „Wer du auch sein magst, willkommener Rohrbläser, du könntest wohl bei mir auf diesem Felsen hier ausruhen. Nirgends ist der Graswuchs üppiger für das Vieh als hier, und du siehst, wie behaglich der Schatten dieser dicht gepflanzten Bäume für den Hirten ist!" Hermes dankte dem Rufenden, stieg hinauf und setzte sich zu dem Wächter, mit welchem er eifrig zu plaudern anfing und sich so ernstlich ins Gespräch vertiefte, daß der Tag herumging, ehe Argos sich dessen versah. Diesem begannen die Augen zu schläfern, und nun griff Hermes wieder zu seinem Rohre und versuchte sein Spiel, um ihn vollends in Schlummer zu wiegen. Aber Argos, der an den Zorn seiner Herrin dachte, wenn er seine Gefangene ohne Fesseln und Obhut ließe, kämpfte mit dem Schlaf, und wenn sich auch der Schlummer in einen Teil seiner Augen einschlich, so wachte er doch fortdauernd mit dem anderen Teile, nahm sich zusammen, und da die Rohrpfeife erst kürzlich erfunden worden war, fragte er seinen Gesellen nach dem Ursprung dieser Erfindung. „Das will ich dir gerne erzählen", sagte Hermes, „wenn du in dieser späten Abendstunde Geduld und Aufmerksamkeit genug hast, mich anzuhören. In den Schneegebirgen Arkadiens wohnte eine berühmte Hamadryade (Baumnymphe), mit Namen Syrinx. Die Waldgötter und Satyrn, von ihrer Schönheit bezaubert, verfolgten sie schon lange mit ihrer Werbung, aber immer wußte sie ihnen zu entschlüpfen. Denn sie scheute das Joch der Vermählung und wollte, umgürtet und jagdliebend wie Artemis, gleich dieser in jungfräulichem Stande verharren. Endlich wurde auf seinen Streifereien durch jene Wälder auch der mächtige Gott Pan der Nymphe ansichtig, näherte sich ihr und warb um ihre Hand, dringend und im stolzen Bewußtsein seiner Hoheit. Aber die Nymphe verschmähte sein Flehen und flüchtete vor ihm durch unwegsame Steppen, bis sie zuletzt an das Wasser des versandeten Flusses Ladon kam, dessen Wellen doch noch tief genug waren, der Jungfrau den Übergang zu wehren. Hier beschwor sie ihre Schwestern, die Nymphen, ehe sie in die Hand des Gottes fiele, ihrer sich zu erbarmen und sie zu verwandeln. Indem kam der Gott herangeflogen und umfaßte die am Ufer Zögernde; aber wie staunte er, als er, statt eine Nymphe zu umarmen, nur ein Schilfrohr umfaßt hielt; seine lauten Seufzer zogen vervielfältigt durch das Rohr und wiederholten sich mit tiefem, klagendem Gesäusel. Der Zauber dieses Wohllautes tröstete den getäuschten Gott. „Wohl denn, verwandelte Nymphe", rief er mit schmerzlicher Freude, „auch so soll unsere Verbindung unauflöslich sein!" Und nun schnitt er sich von dem geliebten Schilfe ungleichförmige Röhren, verknüpfte sie mit Wachs untereinander und nannte die lieblich tönende Flöte nach dem Namen der holden Hamadryade; und seitdem heißt dieses Hirtenrohr Syrinx..."

So lautete die Erzählung des Götterboten, bei welcher er den hundertäugigen Wächter unausgesetzt im Auge behielt. Die Mär war noch nicht zu Ende, als er sah, wie ein Auge um das andere sich unter der Decke geborgen hatte und endlich alle die hundert Leuchten in dichtem Schlaf erloschen waren. Nun hemmte der Götterbote seine Stimme, berührte mit seinem Zauberstabe nacheinander die hundert eingeschläferten Augenlider und verstärkte ihre Betäubung. Während nun der hundertäugige Argos in tiefem Schlafe nickte, griff Hermes schnell zu dem Sichelschwerte, das er unter seinem Hirtenrokke verborgen trug, und hieb ihm den gesenkten Nacken, da wo der Hals zunächst an den Kopf grenzt, durch und durch. Kopf und Rumpf stürzten nacheinander vom Felsen herab und färbten das Gestein mit einem Strome von Blut.

Nun war Io befreit, und obwohl noch unverwandelt, rannte sie ohne Fesseln davon. Aber den durchdringenden Blicken Heras entging nicht, was in der Tiefe geschehen war. Sie dachte auf eine ausgesuchte Qual für ihre Nebenbuhlerin und sandte ihr eine Bremse, die das unglückliche Geschöpf durch ihren Stich zum Wahnsinn trieb. Diese Qual jagte die Geängstigte mit ihrem Stachel landflüchtig über den ganzen Erdkreis, zu den Skythen, an den Kaukasus, zum Amazonenvolke, zum Kimmerischen Isthmos und an die Mäotische See; dann hinüber nach Asien, und endlich nach langem, verzeiflungsvollem Irrlaufe nach Ägypten. Hier am Strande des Nilufers angelangt, sank Io auf ihre Vorderfüße nieder und hob, den Kopf rücklings gebogen, ihre stummen Augen zum Olymp empor, mit einem Blick voll Haders gegen Zeus. Den jammerte dieser Anblick; er eilte zu seiner Gemahlin

Hera, umfing ihren Hals mit den Armen, flehte um Barmherzigkeit für das arme Mädchen, das schuldlos an seiner Verirrung war, und schwor ihr beim Wasser der Unterwelt, bei dem die Götter schwören, von seiner Neigung zu ihr hinfort ganz abzulassen. Hera hörte während dieser Bitte das flehentliche Brüllen der Kuh, das zum Olymp emporstieg. Da ließ sich die Göttermutter erweichen und gab dem Gemahle Vollmacht, der Mißgestalteten den menschlichen Leib zurückzugeben. Zeus eilte zur Erde nieder und an den Nil. Hier strich er der Kuh mit der Hand über den Rücken. Da war es wunderbar anzuschauen: Die Zotteln flohen vom Leibe des Tieres, das Gehörn schrumpfte zusammen, die Scheibe der Augen verengte sich, das Maul zog sich zu Lippen zusammen. Schultern und Hände kehrten wieder, die Klauen verschwanden, nichts blieb von der Kuh übrig als die schöne weiße Farbe. In ganz verwandelter Gestalt erhob sich Io vom Boden und stand aufrecht, in menschlicher Schönheit leuchtend. Am Nilstrome gebar sie dem Zeus den Epaphos, und weil das Volk die wunderbar Verwandelte und Errettete göttergleich ehrte, so herrschte sie lange mit Fürstengewalt über jene Lande. Doch blieb sie auch so nicht ganz von Heras Zorn verschont. Diese stiftete das wilde Volk der Kureten an, ihren jungen Sohn Epaphos zu entführen, und nun trat sie aufs neue eine lange vergebliche Wanderung an, den Geraubten aufzusuchen. Endlich, nachdem Zeus die Kureten mit dem Blitz erschlagen, fand sie den entführten Sohn an der Grenze Äthiopiens wieder, kehrte mit ihn nach Ägypten zurück und ließ ihn an ihrer Seite herrschen. Er heiratete die Memphis, und diese gebar ihm Libya, von der das Land Libyen den Namen erhielt. Mutter und Sohn wurden von dem Nilvolke nach beider Tode mit Tempeln geehrt und erhielten, sie als Isis, er als Apis, göttliche Verehrung.

Pentheus

Zu Theben ward Bakchos oder Dionysos, der Sohn des Zeus und der Semele, der Enkel des Kadmos, wunderbar geboren, der Gott der Fruchtbarkeit, der Erfinder des Weinstocks. In Indien erzogen, verließ er bald die Nymphen, seine Pflegerinnen, und durchreiste die Länder, um allenthalben die Menschen zu bilden, den Bau des herzerfreuenden Weines zu lehren und die Verehrung seiner Gottheit zu gründen. So gütig er gegen seine Freunde war, so hart bestrafte er diejenigen, die seinen Gottesdienst nicht anerkennen wollten. Schon war sein Ruhm durch die Städte Griechenlands und bis zur Stadt seiner Geburt, nach Theben, gedrungen. Dort aber herrschte Pentheus, welchem Kadmos das Königreich übergeben hatte, der Sohn des erdentsprossenen Echion und der Agave, einer Mutterschwester des Bakchos. Dieser war ein Verächter der Götter und zumeist seines Verwandten, des Dionysos. Als nun der Gott mit seinem jauchzenden Gefolge von Bakchanten herannahte, um sich dem König von Theben als Gott zu offenbaren, hörte dieser nicht auf die Warnung des blinden, greisen Sehers Tiresias, und als ihm die Nachricht zu Ohren kam, daß auch aus Theben Männer, Frauen und Jungfrauen zur Verehrung des neuen Gottes hinausströmten, fing er an ergrimmt zu schelten: „Welch ein Wahnsinn hat euch betört, ihr drachenentsprossenen Thebaner, daß euch, die kein Schlachtschwert, keine Trompete jemals geschreckt hat, jetzt ein weichlicher Zug von berauschten Toren und Weibern besiegt? Und ihr Phönizier, die ihr weit über Meere hierher gefahren seid und euren alten Göttern eine Stadt gegründet, habt ihr ganz vergessen, aus welchem Heldengeschlecht ihr gezeugt seid? Wollt ihr es dulden, daß ein wehrloses Knäblein Theben erobere, ein Weichling mit balsamtriefendem Haar, auf dem ein Kranz aus Weinlaub sitzt, in Purpur und Gold anstatt in Stahl gekleidet, der kein Roß tummeln kann, dem keine Wehr, keine Fehde behagt? Wenn nur ihr wieder zur Besinnung kommet, so will ich ihn bald nötigen, einzugestehen, daß er ein Mensch ist wie ich, sein Vetter, daß nicht Zeus sein Vater und alle diese prächtige Gottesverehrung erlogen ist!" Dann wandte er sich zu seinen Dienern und befahl ihnen, den Anführer dieser neuen Raserei, wo sie in anträfen, zu fassen und in Fesseln herzuschleppen.

Seine Freunde und Verwandten, die um den König waren, erschraken über diesen frechen Befehl; sein Ahnherr Kadmos, der in hohem Greisenalter noch lebte, schüttelte das Haupt und mißbilligte das Tun des Enkels; aber durch Ermahnungen wurde seine Wut nur gestachelt, sie schäumte über alle Hindernisse hin, wie ein rasender Fluß über das Wehr.

Unterdessen kamen die Diener mit blutigen Köpfen zurück. „Wo habt ihr den Bakchos?" rief ihnen Pentheus zornig entgegen. „Den Bakchos", antworteten sie, „haben wir nirgends gesehen. Dafür bringen wir hier einen Mann aus seinem Gefolge. Er scheint noch nicht lange bei ihm zu sein." Pentheus starrte den Gefangenen mit grimmigen Augen an und schrie dann: „Mann des Todes! Denn auf der Stelle mußt du, den anderen zu einem warnenden Beispiel, sterben! Sag an, wie heißt dein und deiner Eltern Name, wie dein Land, und sag auch, warum verehrst du die neuen Gebräuche?"

Frei und ohne Furcht erwiderte jener: „Mein Name ist Akötes, meine Heimat Mäonien, meine Eltern sind aus dem gemeinen Volke. Keine Fluren, keine Herden ließ mir der Vater zum Erbteil, er lehrte mich nur die Kunst, mit der Angelrute zu fischen; denn diese Kunst war all sein Reichtum. Bald lernte ich auch ein Schiff regieren, die leitenden Gestirne, die Winde, die wohlgelegenen Häfen kennen und fing an, Schiffahrt zu treiben. Einst, auf einer Fahrt nach Delos, geriet ich an eine unbekannte Küste, wo wir anlegten. Ein Sprung brachte mich auf den feuchten Sand, und ich übernachtete hier noch ohne die Gefährten am Ufer. Des anderen Tages machte ich mich mit der ersten Morgenröte auf und bestieg einen Hügel, um zu sehen, was der Wind uns verspreche. Inzwischen waren auch meine Gefährten gelandet, und auf dem Rückweg nach dem Schiffe begegnete ich ihnen, wie sie gerade einen Jüngling mit sich schleppten, den sie am verlassenen Gestade geraubt hatten. Der Knabe, von jungfräulicher Schönheit, schien vom Weine betäubt, taumelnd wie von Schläfrigkeit, und hatte Mühe, ihnen zu folgen. Als ich Angesicht, Haltung, Bewegung des Jünglings näher ins Auge faßte, schien sich mir an demselben etwas Überirdisches zu offenbaren. ‚Was für ein Gott in diesem Jüngling sei‘, so sprach ich zu der Mannschaft, ‚weiß ich noch nicht recht; aber so viel ist mir gewiß, daß ein Gott in ihm ist. – Wer du auch seiest‘, sprach ich weiter, ‚sei uns hold und fördere unsere Arbeit! Verzeih auch diesen, die dich geraubt!‘ ‚Was fällt dir ein‘, rief ein anderer, ‚laß du das Beten!‘ Auch die übrigen lachten über mich, von Raubgier verblendet, und somit faßten sie den Knaben, um ihn in das Schiff zu schleppen. Vergebens stellte ich mich entgegen, der Jüngste und Kräftigste unter der Rotte, aus einer tyrrhenischen Stadt wegen eines Mordes flüchtig, packte mich an der Gurgel und

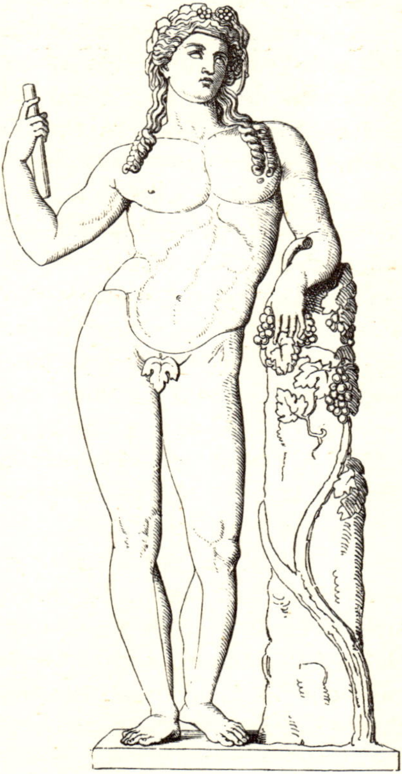

Dionysos

schleuderte mich hinaus. Ich wäre im Meer ertrunken, wenn mich das Takelwerk nicht aufgefangen hätte. Inzwischen lag der Knabe wie im tiefen Schlummer auf dem Schiffe, wohin man ihn gebracht hatte. Plötzlich, wie vom Geschrei erwacht und vom Rausche zurückgekehrt, raffte er sich auf, trat unter die Schiffer und rief: ‚Welcher Lärm? Sprecht, ihr Männer, durch welches Geschick kam ich hierher? Wohin wollt ihr mich bringen?' ‚Fürchte dich nicht, Knabe', sprach einer der falschen Schiffer, ‚nenne uns nur den Hafen, nach welchem du gebracht zu werden wünschest; gewiß, wir setzen dich ab, wo du es verlangst.' ‚Nun wohl', sprach der Knabe, ‚so richtet den Lauf nach der Insel Naxos, dort ist meine Heimat!' Die Betrüger versprachen es ihm bei allen Göttern und hießen mich die Segel richten. Uns zur rechten Seite lag Naxos. Wie ich nun die Segel rechtshin spanne, winken und murmeln sie mir alle zu: ‚Unsinniger, was machst du? Was für ein Wahnwitz plagt dich? Fahr links!' Ich erstaunte darüber und begriff sie nicht. ‚Nehme sich ein anderer des Schiffes an!' sprach ich und trat auf die Seite. ‚Als ob das Heil unserer Fahrt allein auf dir beruhte!' schrie mir ein roher Geselle zu und verrichtete das Geschäft anstatt meiner. So ließen sie Naxos liegen und steuerten in der entgegengesetzten Richtung. Hohnlächelnd, als ob er den Trug jetzt erst bemerkte, schaute der Götterjüngling vom Hinterverdeck in die See, und endlich, mit verstellten Tränen, sprach er: ‚Wehe, nicht diese Gestade verhießet ihr mir. Schiffer, dies ist nicht das erbetene Land! Ist es auch recht, daß ihr alten Männer ein Kind auf diese Weise täuschet?' Aber die gottesvergessene Rotte spottete seiner und meiner Tränen und ruderte eilig davon. Plötzlich aber, als umschlösse sie eine trockene Schiffswerft, stand die Barke mitten im Meer still. Vergebens schlagen ihre Ruder die See, ziehen sie die Segel herab, streben fort mit doppelter Kraft. Efeu fängt an, die Ruder zu umschlingen, kriecht rückwärts in geschlängelter Windung herauf, streift mit seinen schwellenden Träubchen schon die Segel; Bakchos selbst – denn er war es – steht herrlich da, die Stirn mit beerenbelasteten Trauben bekränzt, den mit Weinlaub umschlungenen Thyrosstab schwingend. Tiger, Luchse, Panther erschienen um ihn gelagert, ein duftiger Strom von Wein ergoß sich durch das Schiff. Jetzt sprangen die Männer scheu empor, in Furcht und Wahnsinn. Dem ersten, der aufschreien wollte, krümmte sich Mund und Nase zum Fischmaul, und ehe die anderen sich darüber entsetzen konnten, war auch ihnen das gleiche geschehen; ihr Leib senkte sich, von blauen Schuppen umgeben; das Rückgrat wurde hochgewölbt; die Arme schrumpften zu Floßfedern ein; die Füße vereinigten sich zu einem Schwanze. Sie waren alle zu Fischen geworden, sprangen in das Meer und tauchten auf und nieder. Ich von zwanzigen war allein übriggeblieben, aber ich zitterte an allen Gliedern und erwartete jeden Augenblick dieselbe Verwandlung. Bakchos jedoch sprach mir freundlich zu, weil ich ihm ja nur Gutes erwiesen habe. ‚Fürchte dich nicht', sagte er, ‚und steure mich gen Naxos.' Als wir dort gelandet waren, weihte er mich an seinem Altar zum feierlichen Dienste seiner Gottheit ein."

„Schon zu lange horchen wir deinem Geschwätz", schrie jetzt der König Pentheus, „auf, ergreift ihn, ihr Diener, peinigt ihn mit tausend Martern und schickt ihn zur Unterwelt hinab!" Die Knechte gehorchten und warfen den Schiffer gefesselt in einen tiefen Kerker. Aber eine unsichtbare Hand befreite ihn.

Nun begann erst die ernstliche Verfolgung der Backchosfeier. Des Pentheus eigene Mutter, Agave, und ihre Schwestern hatten teil an dem rauschenden Gottesdienste genommen. Der König sandte nach ihnen aus und ließ alle

Bakchantinnen in den Stadtkerker werfen. Aber ohne Hilfe eines Sterblichen werden auch sie ihrer Bande ledig; die Pforten ihres Gefängnisses tun sich auf, und sie rennen in bakchischer Begeisterung frei in den Wäldern umher. Der Diener, der abgesandt worden, mit bewaffneter Macht den Gott selbst einzufangen, kam ganz bestürzt zurück, denn jener hatte sich willig und lächelnd den Fesseln dargeboten. So stand er jetzt gefangen vor dem Könige, der selber nicht umhinkonnte, seine jugendliche göttliche Schönheit zu bewundern. Und doch verharrte er in seiner Verblendung und behandelte ihn als einen Betrüger, der den Namen Bakchos fälschlich führe. Er ließ den gefangenen Gott mit Fesseln belasten und im hintersten und tiefsten Teil seines Palastes, in der Nähe der Pferdekrippen, in einem dunklen Loch verwahren. Auf des Gottes Geheiß spaltete jedoch ein Erdbeben das Gemäuer, seine Bande verschwanden. Er trat unversehrt und herrlicher als zuvor in die Mitte seiner Verehrer.

Ein Bote über den anderen kam vor den König Pentheus und meldete ihm, welche Wundertaten die Chöre begeisterter Frauen, von seiner Mutter und ihren Schwestern angeführt, verrichteten. Ihr Stab durfte nur an Felsen schlagen, so sprang Wasser oder sprudelnder Wein heraus; die Bäche flossen unter seinem Zauberschlage mit Milch; aus den hohlen Bäumen träufelte Honig. „Ja“, fügte einer der Boten hinzu, „wärest du zugegen gewesen, o Herr, und hättest den Gott, den du jetzt schiltst, selbst gesehen, du würdest dich im Gebet vor ihm niedergeworfen haben!“

Pentheus, immer entrüsteter, bot auf diese Nachrichten alle schwerbewaffneten Krieger, alle Reiter, alle Leichtbeschildeten gegen das rasende Weiberheer auf. Da erschien Bakchos selbst wieder und trat als sein eigener Abgeordneter vor den König. Er versprach, ihm die Bakchantinnen entwaffnet vorzuführen, wenn nur der König selbst die Frauentracht anlegen wolle, damit er nicht als Mann und Uneingeweihter von ihnen zerrissen werde. Ungerne und mit sehr natürlichem Mißtrauen ging Pentheus auf den Vorschlag ein; doch folgte er endlich dem Gotte zur Schlachtbank. Aber als er hinausschritt zur Stadt, war er schon vom Wahnsinne, den ihm der mächtige Gott zugesandt hatte, besessen. Ihm deuchte es, als schaue er zwei Sonnen, ein gedoppeltes Theben und jedes seiner Tore zwiefach. Bakchos selbst kam ihm vor wie ein Stier, der mit großen Hörnern an dem Kopfe vor ihm herschreite. Er selbst wurde wider Willen von bakchischer Begeisterung ergriffen, verlangte und erhielt einen Thyrosstab und stürmte in Raserei dahin. So gelangten sie in ein tiefes, quellenreiches, von Fichten beschattetes Tal, wo die Bakchospriesterinnen ihrem Gotte Hymnen sangen, andere ihre Thyrosstäbe mit frischem Efeu bekleideten. Des Pentheus Augen aber waren mit Blindheit geschlagen, oder sein Führer Bakchos hatte ihn so zu leiten gewußt, daß sie die Versammlung der begeisterten Frauen nicht gewahr wurden. Der Gott faßte nun mit seiner wunderbar in die Höhe reichenden Hand den Gipfel eines Tannenbaumes, beugte ihn hernieder, wie man einen Weidenzweig biegt, setzte den wahnsinnigen Pentheus darauf und ließ den Baum sachte und vorsichtig allmählich wieder in seine vorige Lage zurückkehren. Wie durch ein Wunder blieb der König fest sitzen und erschien auf einmal, hoch auf dem Tannenwipfel hingepflanzt, den Bakchantinnen im Tale, ohne daß er sie erblickte. Dann rief Dionysos mit lauter Stimme ins Tal hinab: „Ihr Mägde, schaut hier den, der unsere heiligen Feste verspottet; bestraft ihn!“ Der Äther schwieg, kein Blatt im Walde regte sich, kein Schreien eines Wildes ertönte. Auf richteten sich die Bakchantinnen, ihre Augen leuchteten in irrem Glanz; so horchten sie auf der Stimme Hall, die zum zweitenmal ertönte. Als sie in dem Wort ihren Meister erkannt, schossen sie dahin, schneller denn Tauben; wilder Wahnsinn, vom Gotte gesandt, trieb sie mitten durch die angeschwollenen Waldbäche. Endlich waren sie nahe genug gekommen, um ihren Herrn und Verfolger auf dem Tannenwipfel sitzen zu sehen. Schnell flogen Kiesel, abgerissene Tannenäste, Thyrosstäbe gegen den Unglücklichen empor, ohne die Höhe zu erreichen, in der er zitternd schwebte. Endlich durchwühlten sie mit harten Eichenästen den Boden rings um den Tannenbaum, bis die Wurzel bloß war und Pentheus unter lautem Jammergeschrei mit der stürzenden Tanne aus der Höhe zu Boden fiel. Seine Mutter Agave, vom Gotte geblendet, daß sie den Sohn nicht wiedererkannte, gab das erste Zeichen zum Morde. Dem Könige selbst hatte die Angst seine volle Besinnung wiedergegeben. „Mutter“, rief er, sie umhalsend, „kennst du deinen Sohn nicht mehr, deinen Sohn Pentheus, den du im Hause Echions geboren? Hab Erbarmen mit mir, sei du es nicht, Mutter, die meine Sünden am eigenen Kinde straft!“ Aber die wahnsinnige Bakchospriesterin, schäumend und mit weit aufgesperrten Augen, sah nicht ihren Sohn in Pentheus, sondern glaubte einen Berglöwen in ihm zu erblicken, faßte ihn an der Schulter und riß ihm den rechten Arm vom Leibe; die Schwestern verstümmelten den linken; die ganze wütende Rotte stürmte auf ihn ein, jede ergriff ein Glied des Zerrissenen; Agave selbst umklammerte das entrissene Haupt mit blutigen Fingern und trug es als Löwenhaupt auf einen Thyrosstab gesteckt durch die Wälder des Kithairon.

So rächte der mächtige Gott Bakchos sich an dem Verächter seines Gottesdienstes.

Phaëthon

Auf herrlichen Säulen erbaut stand die Königsburg des Sonnengottes, von blitzendem Gold und glühendem Karfunkel schimmernd; den obersten Giebel umschloß blendendes Elfenbein, gedoppelte Türen strahlten in Silberglanz, drauf in erhabener Arbeit die schönsten Wundergeschichten zu schauen waren. In diesen Palast trat Phaëthon, der Sohn des Sonnengottes Phöbos, und verlangte den Vater zu sprechen. Doch stellte er sich nur von ferne hin, denn in der Nähe war das strahlende Licht nicht zu ertragen. Der Vater Phöbos, von Purpurgewand umhüllt, saß auf seinem fürstlichen Stuhle, der mit glänzenden Smaragden besetzt war; zu seiner Rechten und seiner Linken stand sein Gefolge geordnet, der Tag, der Monat, das Jahr, die Jahrhunderte und die Horen; der jugendliche Lenz mit seinem Blütenkranze, der Sommer mit Ährengewinden bekränzt, weinfarben der Herbst, der eisige Winter mit schneeweißen Haaren.

Phöbos, in ihrer Mitte sitzend, wurde mit seinen allschauenden Augen bald den Jüngling gewahr, der über so viele Wunder staunte. „Was ist der Grund deiner Wallfahrt", sprach er, „was führt dich in den Palast deines göttlichen Vaters, mein Sohn?" Phaëthon antwortete: „Erlauchter Vater, man spottet mein auf Erden und beschimpft meine Mutter Klymene. Sie sprechen, ich heuchle nur himmlische Abkunft und sei der Sohn eines dunklen Vaters. Darum komme ich, von dir ein Unterpfand zu erbitten, das mich vor aller Welt als deinen wirklichen Sprößling darstelle." So sprach er; da legte Phöbos die Strahlen, die ihm rings das Haupt umleuchteten, ab und ließ ihn näher herantreten; dann umarmte er ihn und sprach: „Deine Mutter Klymene hat die Wahrheit gesagt, mein Sohn, und ich werde dich vor der Welt nimmermehr verleugnen. Damit du aber ja nicht ferner zweifelst, so erbitte dir ein Geschenk! Ich schwöre beim Styx, dem Flusse der Unterwelt, bei welchem alle Götter schwören, deine Bitte, welche sie auch sei, soll erfüllt werden!" Phaëthon ließ den Vater kaum ausreden. „So erfülle mir denn", sprach er, „meinen glühendsten Wunsch, und vertraue mir nur auf einen Tag die Lenkung deines geflügelten Sonnenwagens."

Schrecken und Reue ward sichtbar auf dem Angesichte des Gottes. Drei-, viermal schüttelte er sein umleuchtetes Haupt und rief endlich: „O Sohn, du hast mich ein sinnloses Wort sprechen lassen! O dürfte ich dir doch meine Verheißung nimmermehr gewähren! Du verlangst ein Geschäft, dem deine Kräfte nicht gewachsen sind; du bist zu jung; du bist sterblich, und was du wünschest ist ein Werk der Unsterblichen! Ja, du erstrebest sogar mehr, als den übrigen Göttern zu erlangen vergönnt ist. Denn außer mir vermag keiner von ihnen auf der glutensprühenden Achse zu stehen. Der Weg, den mein Wagen zu machen hat, ist gar steil, mit Mühe erklimmt ihn in der Frühe des Morgens mein noch frisches Rossegespann. Die Mitte der Laufbahn ist zuoberst am Himmel. Glaube mir, wenn ich auf meinem Wagen in solcher Höhe stehe, da kommt mich oft selbst ein Grausen an, und mein Haupt droht ein Schwindel zu erfassen, wenn ich so herniederblicke in die Tiefe und Meer und Land weit unter mir liegt. Zuletzt ist dann die Straße ganz abschüssig, da bedarf es gar sicherer Lenkung. Die Meeresgöttin Thetis selbst, die mich in ihren Fluten aufzunehmen bereit ist, pflegt alsdann zu befürchten, ich möchte in die Tiefe geschmettert werden. Dazu bedenke, daß der Himmel sich in beständigem Umschwunge dreht und ich diesem reißenden Kreislaufe entgegenfahren muß. Wie vermöchtest du das, wenn ich dir auch meinen Wagen gäbe? Darum, geliebter Sohn, verlange nicht ein so schlimmes Geschenk und bessere deinen Wunsch, solange es noch Zeit ist. Sieh mein erschrecktes Gesicht an. O könntest du durch meine Augen in mein sorgenvolles Vaterherz eindringen! Verlange, was du sonst willst von allen Gütern des Himmels und der Erde! Ich schwöre dir beim Styx, du sollst es haben! – Was umarmst du mich mit solchem Ungestüm?"

Aber der Jüngling ließ mit Flehen nicht ab, und der Vater hatte den heiligen Schwur geschworen. So nahm er denn seinen Sohn bei der Hand und führte ihn zu dem Sonnenwagen, Hephaistos' herrlicher Arbeit. Achse, Deichsel und der Kranz der Räder waren von Gold, die Speichen Silber; vom Joche schimmerten Chrysolithen und Juwelen. Während Phaëthon die herrliche Arbeit beherzt anstaunte, tat im geröteten Osten die erwachte Morgenröte ihr Purpurtor und ihren Vorsaal, der voll Rosen ist, auf. Die Sterne verschwinden allmählich, der Morgenstern ist der letzte, der seinen Posten am Himmel verläßt, und die äußersten Hörner des Mondes verlieren sich am Rande. Jetzt gibt Phöbos den geflügelten Horen den Befehl, die Rosse zu schirren; und diese führen die glutsprühenden Tiere, von Ambrosia gesättigt, von den erhabenen Krippen und legen ihnen herrliche Zäume an. Während dies geschah, bestrich der Vater das Antlitz seines Sohnes mit einer heiligen Salbe und machte es dadurch geschickt, die glühende Flamme zu ertragen. Um das Haupthaar legte er ihm seine Sonnenstrahlen, aber er seufzte dazu und sprach warnend: „Kind, schone mir die Stacheln, brauche wacker die Zügel; denn die Rosse rennen schon von selbst, und es kostet Mühe, sie im Fluge zu halten; die Straße geht schräg in weit umbiegender Krümmung; den Südpol wie den Nordpol mußt du meiden. Du erblickst deutlich die Gleise der Räder. Senke dich nicht zu tief, sonst gerät die Erde in Brand; steige nicht zu hoch, sonst verbrennst du den Himmel. Auf, die Finsternis flieht, nimm die Zügel zur Hand; oder – noch ist es Zeit; besinne dich, liebes Kind; überlaß den Wagen mir, laß mich der Welt das Licht schenken, und bleibe du Zuschauer!"

Der Jüngling schien die Worte des Vaters gar nicht zu hören, er schwang sich mit einem Sprung auf den Wagen, ganz erfreut, die Zügel in den Händen zu haben, und nickte dem unzufriedenen Vater einen kurzen, freundlichen Dank zu. Mittlerweile füllten die vier Flügelrosse mit glutatmendem Wiehern die Luft, und ihr Huf stampfte gegen die Barren. Ohne etwas vom Lose ihres Enkels zu ahnen, öffnete Thetis, die Mutter Klymenes, die Schranken: Die Welt lag in unendlichem Raume vor den Blicken des Knaben, die Rosse flogen die Bahn aufwärts und spalteten die Morgennebel, die vor ihnen lagen.

Inzwischen fühlten die Rosse wohl, daß sie nicht die gewohnte Last trugen und das Joch leichter sei als gewöhnlich; und wie Schiffe, wenn sie das rechte Gewicht nicht haben, im Meere schwanken, so machte der Wagen Sprünge in der Luft, ward hoch emporgestoßen und rollte dahin, als wäre er leer. Als das Rossegespann dies merkte, rannte es, die gebahnten Räume verlassend, und lief nicht mehr in der vorigen Ordnung. Phaëthon fing an zu erbeben, er wußte nicht, wohin die Zügel lenken, wußte den Weg nicht, wußte nicht, wie er die wilden Rosse bändigen sollte. Als nun der Unglückliche hoch vom Himmel abwärts sah, auf die tief, tief unter ihm sich hinstreckenden Länder, wurde er blaß, und seine Knie zitterten von plötzlichem Schrecken. Er sah rückwärts; schon lag viel Himmel hinter ihm, aber noch mehr vor seinen Augen. Beides ermaß er in seinem Geiste. Unwissend, was beginnen, starrte er in die Weite, ließ die Zügel nicht nach, zog sie auch nicht weiter an; er wollte den Rossen rufen, aber er kannte ihre Namen nicht. Mit Grauen sah er die mannigfaltigen Sternbilder an, die in abenteuerlichen Gestalten am Himmel herumhingen. Da ließ er, von kaltem Entsetzen gefaßt, die Zügel fahren, und wie diese herabschlotternd den Rücken der Pferde berührten, so verließen die Rosse ihre Spur, schweiften seitwärts in fremde Luftgebiete, gingen bald hoch empor, bald tief hernieder; jetzt stießen sie an den Fixsternen an, jetzt wurden sie auf abschüssigem Pfade in die Nachbarschaft der Erde herabgerissen. Schon berührten sie die erste Wolkenschicht, die bald entzündet aufdampfte. Immer tiefer stürzte der Wagen, und unversehens war er einem Hochgebirge nahe gekommen. Da lechzte vor Hitze der Boden, spaltete sich, und weil plötzlich alle Säfte austrockneten, fing er an zu glimmen; das Heidegras wurde weißgelb und welkte hinweg; weiter unten loderte das Laub der Waldbäume auf; bald war die Glut bei der Ebene angekommen; nun wurde die Saat weggebrannt; ganze Städte loderten in Flammen auf, Länder mit all ihrer Bevölkerung wurden versengt; rings brannten Hügel, Wälder und Berge. Damals sollen auch die Mohren schwarz geworden sein. Die Ströme versiegten oder flohen erschreckt nach ihrer Quelle zurück, das Meer selbst wurde zusammengedrängt, und was jüngst noch See war, wurde trockenes Sandfeld.

An allen Seiten sah Phaëthon den Erdkreis entzündet; ihm selbst wurde die Glut bald unerträglich; wie tief aus dem

Innern einer Feueresse atmete er siedende Luft ein und fühlte unter seinen Sohlen, wie der Wagen erglühte. Schon konnte er den Dampf und die vom Erdbrand emporgeschleuderte Asche nicht mehr ertragen; Qualm und pechschwarzes Dunkel umgaben ihn; das Flügelgespann riß ihn nach Willkür fort; endlich ergriff die Glut seine Haare, er stürzte aus dem Wagen, und brennend wurde er durch die Luft gewirbelt, wie zuweilen ein Stern bei heiterer Luft durch den Himmel zu schießen scheint. Ferne von der Heimat nahm ihn der breite Strom Eridanos auf und bespülte ihm sein schäumendes Angesicht. Phöbos, der Vater, der dies alles mit ansehen mußte, verhüllte sein Haupt in brütender Trauer. Damals, sagt man, sei ein Tag der Erde ohne Sonnenlicht vorübergeflogen. Der ungeheure Brand leuchtete allein.

Tantalos

Tantalos, ein Sohn des Zeus, herrschte zu Sipylos in Phrygien und war außerordentlich reich und berühmt. Wenn je einen sterblichen Mann die olympischen Götter geehrt haben, so war es dieser. Seiner hohen Abstammung wegen wurde er zu ihrer vertrauten Freundschaft erhoben; zuletzt durfte er an der Tafel des Zeus speisen und alles mit anhören, was die Unsterblichen unter sich besprachen. Aber sein eitler Menschengeist vermochte das überirdische Glück nicht zu tragen, und er fing an, mannigfaltig gegen die Götter zu freveln. Er verriet den Sterblichen die Geheimnisse der Himmlischen; er entwandte von ihrer Tafel Nektar und Ambrosia und verteilte den Raub unter seinen irdischen Genossen; er barg den köstlichen, goldenen Hund, den ein anderer aus dem Tempel des Zeus zu Kreta gestohlen hatte; und als dieser ihn zurückforderte, leugnete er mit einem Eide ab, ihn erhalten zu haben. Endlich lud er im Übermute die Götter wieder zu Gaste, und um ihre Allwissenheit auf die Probe zu stellen, ließ er ihnen seinen eigenen Sohn Pelops schlachten und zurichten. Nur Demeter verzehrte von dem gräßlichen Gericht ein Schulterblatt, die übrigen Götter aber merkten den Greuel, warfen die zerstückelten Glieder des Knaben in einen Kessel, und die Parze Klotho zog ihn mit erneuter Schönheit hervor. Anstatt der verzehrten Schulter wurde eine elfenbeinerne eingesetzt.

Jetzt hatte Tantalos das Maß seiner Frevel erfüllt und wurde von den Göttern in die Hölle gestoßen. Hier wurde er von quälenden Leiden gepeinigt. Er stand mitten in einem Teiche, und die Wasser spielten ihm um das Knie, dennoch litt er den brennendsten Durst und konnte den Trank, der ihm so nahe war, niemals erreichen. Sooft er sich bückte und den Mund gierig ans Wasser bringen wollte, entschwand vor ihm die Flut versiegend; der dunkle Boden erschien zu seinen Füßen; ein Dämon schien den See ausgetrocknet zu haben. So litt er zugleich den peinigendsten Hunger. Hinter ihm strebten am Ufer des Teiches herrliche Fruchtbäume empor und wölbten ihre Äste über seinem Haupte. Wenn er sich emporrichtete, so lachten ihm saftige Birnen, rotwangige Äpfel, glühende Granate, liebliche Feigen und grüne Olivenbeeren ins Auge; aber sobald er hinauflangte, sie mit seiner Hand zu fassen, so riß ein Sturmwind, der plötzlich angeflogen kam, die Zweige hoch hinauf zu den Wolken. Zu dieser Höllenpein gesellte sich beständige Todesangst; denn ein großes Felsenstück hing über seinem Haupte in der Luft und drohte unaufhörlich, auf ihn herabzustürzen.

So ward dem Verächter der Götter, dem ruchlosen Tantalos, dreifache Qual, niemals endend, in der Unterwelt beschieden.

Herakles

Herakles der Neugeborene

Herakles war ein Sohn des Zeus und der Alkmene, Alkmene eine Enkelin des Perseus; der Stiefvater des Herakles hieß Amphitryon, auch er war ein Enkel des Perseus und König von Tiryns, hatte jedoch die Stadt verlassen, um in Theben zu wohnen. Hera, die Gemahlin des Zeus, haßte ihre Nebenbuhlerin Alkmene und gönnte ihr den Sohn nicht, von dessen Zukunft Zeus den Göttern selbst Großes verkündet hatte.

Als daher Alkmene den Herakles geboren, glaubte sie ihn vor der Göttermutter in dem Palaste nicht sicher und setzte ihn an einem Platze aus, der noch in späten Zeiten das Heraklesfeld hieß. Hier wäre das Kind ohne Zweifel verschmachtet, wenn nicht ein wunderbarer Zufall seine Feindin Hera selbst, von Athene begleitet, des Weges geführt hätte. Athene betrachtete die schöne Gestalt des Kindes mit Verwunderung, erbarmte sich sein und bewog die Begleiterin, dem Kleinen ihre göttliche Brust zu reichen. Aber der Knabe sog viel kräftiger an der Brust, als sein Alter erwarten ließ; Hera empfand Schmerz und warf das Kind unwillig zu Boden. Jetzt hob Athene dasselbe voll Mitleid wieder auf, trug es in die nahe Stadt und brachte es der Königin Alkmene als ein armes Findelkind, das sie aus Barmherzigkeit aufzuziehen bat. So war die leibliche Mutter, aus Angst vor der Stiefmutter, bereit gewesen, die Pflicht der natürlichen Liebe verleugnend, ihr Kind umkommen zu lassen; und die Stiefmutter, die von natürlichem Hasse gegen dasselbe erfüllt ist, muß, ohne es zu wissen, ihren Feind vom Tode erretten. Ja noch mehr: Herakles hatte nur ein paar Züge an Heras Brust getan, aber die wenigen Tropfen Göttermilch waren genügend, ihm Unsterblichkeit einzuflößen.

Alkmene hatte indessen ihr Kind auf den ersten Blick erkannt und es freudig in die Wiege gelegt. Aber auch der Göttin blieb nicht verborgen, wer an ihrer Brust gelegen und wie leichtsinnig sie den Augenblick der Rache vorübergelassen habe. Sogleich schickte sie zwei entsetzliche Schlangen aus, die, das Kind zu töten bestimmt, durch die offenen Pforten in Alkmenes Schlafgemach geschlichen kamen, und eh die Dienerinnen des Gemaches und die schlummernde Mutter selbst es innewurden, sich an der Wiege emporringelten und den Hals des Knaben zu umstricken anfingen. Der Knabe erwachte mit einem Schrei und richtete seinen Kopf auf. Das ungewohnte Halsband war ihm unbequem. Da gab er die erste Probe seiner Götterkraft; er ergriff mit jeder Hand eine Schlange am Genick und erstickte die beiden mit einem einzigen Druck. Die Wärterinnen hatten die Schlangen jetzt wohl bemerkt; aber unbezwingbare Furcht hielt sie ferne. Alkmene war auf den Schrei ihres Kindes erwacht; mit bloßen Füßen sprang sie aus dem Bett und stürzte Hilfe rufend auf die Schlangen zu, die sie schon von den Händen ihres Kindes erwürgt fand. Jetzt traten auch die Fürsten der Thebaner, durch den Hilferuf aufgeschreckt, bewaffnet in das Schlafgemach; der König Amphitryon, der den Stiefsohn als ein Geschenk des Zeus betrachtete und liebhatte, eilte erschrocken herbei, das bloße Schwert in der Hand. Da stand er vor der Wiege, sah und hörte, was geschehen war; Lust, mit Entsetzen gemischt, durchbebte ihn über die unerhörte Kraft des kaum geborenen Sohnes. Er betrachtete die Tat als ein großes Wunderzeichen und rief den Propheten des großen Zeus, den Wahrsager Tiresias, herbei. Dieser weissagte dem König, der Königin und allen Anwesenden den Lebenslauf des Knaben; wie viele Ungeheuer auf Erden, wie viele Ungetüme des Meeres er hinwegräumen, wie er mit den Giganten selbst im Kampfe zusammenstoßen und sie besiegen werde und wie ihm am Ende seines mühevollen Erdenlebens das ewige Leben bei den Göttern und Hebe, die ewige Jugend, als himmlische Gemahlin erwarte.

Die Erziehung des Herakles

Als Amphitryon das hohe Geschick des Knaben aus dem Munde des Sehers vernahm, beschloß er, ihm eine würdige Heldenerziehung zu geben, und Heroen aller Gegenden versammelten sich, den jungen Herakles in allen Wissenschaften zu unterrichten. Sein Vater selbst unterwies ihn in der Kunst, einen Wagen zu regieren; den Bogen spannen und mit Pfeilen zielen lehrte ihn Eurytos, die Künste der Ringer und Faustkämpfer Harpalykos. Kastor, der Zeuszwilling, unterrichtete ihn in der Kunst, schwerbewaffnet und geordnet im Felde zu fechten. Linos aber, der greise Sohn Apollos, lehrte ihn den Gesang und den zierlichen Schlag der Leier. Herakles zeigte sich als gelehrigen Knaben; aber Härte konnte er nicht ertragen; der alte Linos war ein grämlicher Lehrer.

Als er ihn einst mit ungerechten Schlägen zurechtwies, griff der Knabe nach seinem Zitherspiel und warf es dem Hofmeister an den Kopf, daß dieser tot zu Boden fiel. Herakles, obgleich voll Reue, wurde dieser Mordtat halber vor Gericht gefordert; aber der berühmte gerechte Richter Rhadamanthys sprach ihn frei und stellte das Gesetz auf, daß, wenn ein Totschlag Folge der Selbstverteidigung gewesen, Blutrache nicht stattfinde. Doch fürchtete Amphitryon, sein überkräftiger Sohn möchte sich wieder Ähnliches zuschulden kommen lassen, und schickte ihn deswegen auf das Land zu seinen Ochsenherden. Hier wuchs er auf und tat sich durch Größe und Stärke vor allen hervor. Als ein Sohn des Zeus' war er furchtbar anzusehen. Er war vier Ellen lang, und Feuerglanz entströmte seinen Augen. Nie fehlte er im Schießen des Pfeils und im Werfen des Spießes. Als er achtzehn Jahre alt geworden, war er der schönste und stärkste Mann Griechenlands, und es sollte sich jetzt entscheiden, ob er diese Kraft zum Guten oder zum Schlimmen anwenden werde.

Herakles am Scheideweg

Herakles selbst begab sich um diese Zeit von Hirten und Herden weg und in eine einsame Gegend und überlegte bei sich, welche Lebensbahn er einschlagen sollte. Als er so sinnend dasaß, sah er auf einmal zwei Frauen von hoher Gestalt auf sich zukommen. Die eine zeigte in ihrem ganzen Wesen Anstand und Adel, ihren Leib schmückte Reinlichkeit, ihr Blick war bescheiden, ihre Haltung sittsam, fleckenlos weiß ihr Gewand. Die andere war wohlgenährt und von schwellender Fülle, das Weiß und Rot ihrer Haut durch Schminke über die natürliche Farbe gehoben, ihre Haltung so, daß sie aufrechter schien als von Natur, ihr Auge war weit geöffnet und ihr Anzug so gewählt, daß ihre Reize soviel als möglich durchschimmerten. Sie warf feurige Blicke auf sich selbst, sah dann wieder um sich, ob nicht auch andere sie erblickten; und oft schaute sie nach ihrem eigenen Schatten. Als beide näher kamen, ging die erste ruhig ihren Gang fort, die andere aber, um ihr zuvorzukommen, lief auf den Jüngling zu und redete ihn an: „Herakles! Ich sehe, daß du unschlüssig bist, welchen Weg durch das Leben du einschlagen sollst. Willst du nun mich zur Freundin wählen, so werde ich dich die angenehmste und gemächlichste Straße führen; keine Lust sollst du ungekostet lassen, jede Unannehmlichkeit sollst du vermeiden. Um Kriege und Geschäfte hast du dich nicht zu bekümmern, darfst nur darauf bedacht sein, mit den köstlichsten Speisen und Getränken dich zu laben, deine Augen, Ohren und übrigen Sinne durch die angenehmsten Empfindungen zu ergötzen, auf einem weichen Lager zu schlafen und den Genuß all dieser Dinge dir ohne Mühe und Arbeit zu verschaffen. Solltest du jemals um die Mittel dazu verlegen sein, so fürchte nicht, daß ich dir körperliche oder geistige Anstrengungen aufbürden werde; im Gegenteil, du wirst nur die Früchte fremden Fleißes zu genießen und nichts auszuschlagen haben, was dir Gewinn bringen kann. Denn meinen Freunden gebe ich das Recht, alles zu benützen."

Als Herakles diese lockenden Anerbietungen hörte, sprach er verwundert: „O Weib, wie ist denn aber dein Name?" „Meine Freunde", antwortete sie, „nennen mich die Glückseligkeit; meine Feinde hingegen, die mich herabsetzen wollen, geben mir den Namen der Liederlichkeit."

Mittlerweile war auch die andere Frau herangetreten.

„Auch ich“, sagte sie, „komme zu dir, lieber Herakles, denn ich kenne deine Eltern, deine Anlagen und deine Erziehung. Dies alles gibt mir die Hoffnung, du würdest, wenn du meine Bahn einschlagen wolltest, ein Meister in allem Guten und Großen werden. Doch will ich dir keine Genüsse vorspiegeln, will dir die Sache darstellen, wie die Götter sie gewollt haben. Wisse also, daß von allem, was gut und wünschenswert ist, die Götter den Menschen nichts ohne Arbeit und Mühe gewähren. Wünschest du, daß die Götter dir gnädig seien, so mußt du die Götter verehren; willst du, daß deine Freunde dich lieben, so mußt du deinen Freunden nützlich werden; strebst du, von einem Staate geehrt zu werden, so mußt du ihm Dienste leisten; willst du, daß ganz Griechenland dich um deiner Tugend willen bewundere, so mußt du Griechenlands Wohltäter werden; willst du ernten, so mußt du säen; willst du kriegen und siegen, so mußt du die Kriegskunst erlernen; willst du deinen Körper in der Gewalt haben, so mußt du ihn durch Arbeit und Schweiß abhärten.“ Hier fiel ihr die Liederlichkeit in die Rede. „Siehst du wohl, lieber Herakles“, sprach sie, „was für einen langen, mühseligen Weg dich dieses Weib zur Zufriedenheit führt? Ich hingegen werde dich auf dem kürzesten und bequemsten Pfade zur Seligkeit leiten.“ „Elende“, erwiderte die Tugend, „wie kannst du etwas Gutes besitzen? Oder welches Vergnügen kennst du, die du jeder Lust durch Sättigung zuvorkommst? Du issest, ehe dich hungert, und trinkest, ehe dich dürstet. Um die Eßlust zu reizen, suchst du Köche auf; um mit Lust zu trinken, schaffst du dir kostbare Weine an, und des Sommers gehst du umher und suchest nach Schnee; kein Bett kann dir weich genug sein, deine Freunde lässest du die Nacht durchprassen und den besten Teil des Tages verschlafen; darum hüpfen sie auch sorglos und geputzt durch die Jugend dahin und schleppen sich mühselig durch das Alter, beschämt über das, was sie getan, und fast erliegend unter der Last dessen, was sie tun müssen. Und du selbst, obwohl unsterblich, bist von den Göttern verstoßen und von guten Menschen verachtet. Dein eigenes Lob hast du nie gehört; was das Auge mehr als alles erfreut, ein eigenes gutes Werk, hast du nie gesehen. – Ich hingegen habe mit den Göttern, habe mit allen guten Menschen Verkehr. An mir besitzen die Künstler eine willkommene Gehilfin, an mir die Hausväter eine treue Wächterin, an mir hat das Gesinde einen liebreichen Beistand. Ich bin eine redliche Teilnehmerin an den Geschäften des Friedens, eine zuverlässige Mitkämpferin im Kriege, die treueste Genossin der Freundschaft. Speise, Trank und Schlaf schmeckt meinen Freunden besser als den Trägen. Die Jüngeren freuen sich des Beifalls der Alten, die Älteren der Ehre bei den Jungen; mit Vergnügen erinnern sie sich an ihre früheren Handlungen und fühlen sich bei ihrem jetzigen Tun glücklich, durch mich sind sie geliebt von den Göttern, geliebt von den Freunden, geachtet vom Vaterland. Und kommt das Ende, so liegen sie nicht ruhmlos in Vergessenheit begraben, sondern gefeiert von der Nachwelt, blühen sie fort im Angedenken aller Zeiten. Zu solchem Leben, Herakles, entschließe dich: Vor dir liegt das seligste Los."

Des Herakles erste Taten

Die Gestalten waren verschwunden und Herakles wieder allein. Er war entschlossen, den Weg der Tugend zu gehen. Auch fand er bald Gelegenheit, etwas Gutes zu tun.

Griechenland war damals noch voll von Wäldern und Sümpfen, von grimmigen Löwen, wütenden Ebern und anderen Ungeheuern durchstreift. Das Land von diesen Untieren zu säubern und von den Räubern zu befreien, die dem Wanderer in den Einöden auflauerten, war der alten Helden größtes Verdienst. Auch dem Herakles war dieser Beruf angewiesen. Zu den Seinigen zurückgekehrt, hörte er, daß auf dem Berge Kithairon, an dessen Fuße die Herden des Königs Amphithryon weideten, ein entsetzlicher Löwe hause. Der junge Held war, nach den Worten, die er soeben gehört, bald entschlossen. Er stieg bewaffnet hinauf ins wilde Waldgebirge, bezwang den Löwen, warf seine Haut um sich und setzte den Rachen als Helm auf.

Während er von dieser Jagd heimkehrte, begegneten ihm Herolde des Minyerkönigs Erginos, welche einen schimpflichen und ungerechten Jahrestribut von den Thebanern in Empfang nehmen sollten. Herakles, der sich von der Tugend zum Anwalt aller Unterdrückten geweiht fühlte, ward mit den Boten, die sich allerhand Mißhandlungen des Landes erlaubt hatten, bald fertig und schickte sie, mit Stricken um den Nacken, verstümmelt ihrem Könige zurück. Erginos verlangte die Auslieferung des Täters, und Kreon, der König der Thebaner, aus Furcht vor der drohenden Gewalt, war geneigt, seinen Willen zu tun. Da beredete Herakles eine Menge mutiger Jünglinge, mit ihm dem Feinde entgegenzugehen. Nun aber war in keinem Bürgerhause eine Waffe zu finden; denn die Minyer hatten die ganze Stadt entwaffnet, damit den Thebanern kein Gedanke an einen Aufstand kommen sollte. Da rief Athene den Herakles in ihren Tempel und rüstete ihn mit ihren eigenen Waffen aus, die Jünglinge aber griffen zu den in den Tempeln aufgehängten Waffenrüstungen, welche die Vorfahren erbeutet und den Göttern geweiht hatten. So ausgerüstet, zog der Held mit seiner kleinen Mannschaft den herannahenden Minyern bis zu einem Engpasse entgegen. Hier konnte dem Feind die Größe seiner Kriegsmacht nichts nützen: Erginos selbst fiel in der Schlacht, und fast sein ganzes Heer wurde aufgerieben. Aber in dem Gefechte war auch Amphitryon, des Herakles' Stiefvater, der wacker mitgekämpft hatte, umgekommen. Herakles rückte nach der Schlacht schnell gegen Orchomenos, die Hauptstadt der Minyer, vor, drang zu den Toren ein, verbrannte die Königsburg und zerstörte die Stadt.

Ganz Griechenland bewunderte die außerordentliche Tat, und der Thebanerkönig Kreon, das Verdienst des Jünglings zu ehren, gab ihm seine Tochter Megara zur Ehe, die dem Helden drei Söhne gebar. Seine Mutter Alkmene aber vermählte sich zum zweiten Male mit dem Richter Rhadamanthys. Die Götter selbst beschenkten den siegreichen Halbgott: Hermes gab ihm ein Schwert, Apoll Pfeile, Hephaistos einen goldenen Köcher, Athene einen Waffenrock.

Herakles im Gigantenkampfe

Der Held fand bald eine Gelegenheit, den Göttern für so große Auszeichnungen einen glänzenden Dank abzustatten. Die Giganten, Riesen mit schrecklichen Gesichtern, langen Haaren und Bärten, geschuppten Drachenschwänzen statt der Füße, Ungeheuer, welche die Gaia oder Erde dem Uranos, dem Himmel, geboren, wurden von ihrer Mutter gegen Zeus, den neuen Weltbeherrscher, aufgewiegelt, weil dieser ihre älteren Söhne, die Titanen, in den Tartaros verstoßen hatte. Sie brachen aus dem Erebos (Unterwelt) auf dem weiten Gefilde von Phlegra in Thessalien hervor. Aus Furcht vor ihrem Anblick erblaßten die Gestirne, und Phöbos drehte den Sonnenwagen um. „Gehet hin und rächet mich und die alten Götterkinder", sprach die Mutter Erde. „An Prometheus frißt der Adler, an Tityos zehrt der Geier, Atlas muß den Himmel tragen, die Titanen liegen in Banden. Geht, rächt, rettet sie! Braucht meine eigenen Glieder, die Berge, zu Stufen, zu Waffen! Ersteigt die gestirnten Burgen! Du, Typhoeus, reiß dem Gewaltherrscher Zepter und Blitz aus der Hand; Enkelados, du bemächtigst dich des Meeres und verjage Poseidon! Rhötos soll dem Sonnengotte die Zügel entreißen, Porphyrion das Orakel zu Delphi erobern!" Die Riesen jubelten bei diesen Worten auf, als hätten sie den Sieg schon errungen, als schleppten sie schon den Poseidon oder den Ares im Triumphe daher und zerrten den Apollo am herrlichen Lockenhaar; der eine nannte schon Aphrodite sein Weib, der andere wollte Artemis, ein dritter Athene freien. So zogen sie den thessalischen Bergen zu, um von dort aus den Himmel zu stürmen.

Indessen rief Iris, die Götterbotin, alle Himmlischen zusammen, alle Götter, die in Wasser und Flüssen wohnen; selbst die Manen aus der Unterwelt beschwor sie herauf; Persephone verließ ihr schattiges Reich, und ihr Gemahl, der König der Schweigenden, fuhr mit seinen lichtscheuen Rossen zum strahlenden Olymp empor. Wie in einer belagerten Stadt die Bewohner von allen Seiten zusammenlaufen, ihre Burg zu schirmen, so kamen die vielgestalteten Gottheiten am Vaterherde zusammen. „Versammelte Götter", redete sie Zeus an, „ihr sehet, wie die Mutter Erde mit einer neuen Brut sich gegen uns verschworen hat. Auf, und sendet ihr so viele Leichen hinunter, als sie uns Söhne heraufschickt!" Als der

Zeus und die Giganten

Göttervater geendet, ertönte die Wetterposaune vom Himmel, und Gaia drunten antwortete mit einem donnernden Erdbeben. Die Natur geriet in Verwirrung wie bei der ersten Schöpfung; denn die Giganten rissen einen Berg nach dem anderen aus seinen Wurzeln, schleppten den Ossa, den Pelion, den Öta, den Athos herbei, brachen den Rhodope mit der Hälfte des Hebrosquelles ab, und auf dieser Leiter von Gebirgen zum Göttersitz emporgeklommen, fingen sie an, mit Feuerbränden von Eichen und ungeheuren Felsenstükken den Olymp zu stürmen.

Nun war den Göttern ein Orakelspruch erteilt worden, daß von den Himmlischen keiner der Giganten vernichtet werden könnte und diese nur dann sterben würden, wenn ein Sterblicher mitkämpfte. Gaia hatte dies in Erfahrung gebracht und suchte deswegen nach einem Arzneimittel, das ihre Söhne auch Sterblichen gegenüber unverletzlich mache. Und es war wirklich ein solches Kraut gewachsen; aber Zeus kam ihr zuvor; er verbot der Morgenröte, dem Mond und der Sonne zu scheinen, und während Gaia in der Finsternis herumsuchte, schnitt er die Arzneikräuter eilig selbst ab und ließ seinen Sohn Herakles durch Athene zur Teilnahme am Kampfe auffordern.

Auf dem Olymp war inzwischen der Streit schon entbrannt. Ares hatte seinen Kriegswagen mit den wiehernden Rossen mitten in die dichteste Schar der heranstürzenden Feinde gelenkt. Sein goldener Schild brannte heller als Feuer, schimmernd flatterte die Mähne seines Helmes. Im Kampfgetümmel durchbohrte er den Giganten Peloros, dessen Füße zwei lebendige Schlangen waren. Dann fuhr er über die sich krümmenden Glieder des Gefallenen zermalmend mit seinem Wagen hin; aber erst bei des sterblichen Herakles' Anblick, der eben die letzte Stufe des Olymps erstiegen hatte, hauchte das Ungeheuer seine drei Seelen aus. Herakles sah sich auf dem Schlachtfelde um und erkor sich ein Ziel seines Bogens; sein Pfeilschuß streckte den Alkyoneus nieder, der alsbald in die Tiefe stürzte, aber sobald er seinen Heimatboden berührt hatte, mit erneuter Lebenskraft sich wieder erhob. Auf den Rat der Athene stieg auch Herakles hinab und schleppte ihn über die Grenzen seines Geburtslandes hinaus; und sowie der Riese auf fremder Erde angekommen war, entfuhr ihm der Atem.

Jetzt ging der Gigant Porphyrion in drohender Stellung auf Herakles und Hera zugleich los, um einzeln mit ihnen zu kämpfen. Aber Zeus flößte ihm schnell ein Verlangen ein, das himmlische Antlitz der Göttin zu schauen, und während er an Heras umhüllendem Schleier zerrte, traf ihn Zeus mit dem Donner, und Herakles tötete ihn vollends mit einem

Pfeile. Bald rannte aus der Schlachtreihe der Giganten Ephialtes mit funkelnden Riesenaugen hervor. „Das sind helle Zielscheiben für unsere Pfeile!“ sprach lachend Herakles zu dem neben ihm kämpfenden Phöbos Apollo, und nun schoß ihm der Gott das linke und der Halbgott das rechte Auge aus dem Kopf. Den Eurytos schlug Dionysos (Bakchos) mit seinem Thyrosstabe nieder; ein Hagel glühender Eisenschlakken aus des Hephaistos' Hand warf den Klytios zu Boden; auf den fliehenden Enkelados schleuderte Pallas Athene die Insel Sizilien; der Riese Polybotes, von Poseidon über das Meer verfolgt, flüchtete sich nach Kos, aber der Meergott riß ein Stück dieser Insel ab und bedeckte ihn damit. Hermes, den Helm des Pluton auf dem Kopfe, erschlug den Hippolytos, zwei andere trafen der Parzen eherne Keulen. Die übrigen schmetterte Zeus mit seinem Donner nieder, und Herakles erschoß sie mit seinen Pfeilen.

Für diese Tat wurde dem Halbgott hohe Gunst von den Himmlischen zuteil. Zeus nannte diejenigen unter den Göttern, welche den Kampf mit ausfechten geholfen, Olympier, um durch diesen Ehrennamen die Tapferen von den Feigen zu unterscheiden. Dieser Benennung würdigte er nun auch zwei Söhne sterblicher Weiber, den Dionysos und den Herakles.

Herakles und Eurystheus

Vor des Herakles' Geburt hatte Zeus im Rate der Götter erklärt, der erste Perseusenkel, welcher geboren werden würde, sollte der Beherrscher aller übrigen Nachkommen des Perseus werden. Diese Ehre war seinem und Alkmenes Sohn zugedacht. Aber Heras Hinterlist, welche dieses Glück dem Sohne der Nebenbuhlerin nicht gönnte, kam ihm zuvor und ließ den Eurystheus, der auch ein Enkel des Perseus war, obwohl er später als Herakles zur Welt kommen sollte, früher geboren werden. Dadurch war Eurystheus König von Mykene im Argiverlande und der später geborene Herakles ihm unterworfen. Jener sah mit Besorgnis den steigenden Ruhm seines jungen Verwandten und berief ihn, als seinen Untertan, zu sich, um ihm verschiedene Arbeiten aufzutragen. Da Herakles nicht gehorchte, so ließ Zeus selbst, der seinem Ratschlusse nicht zuwiderhandeln wollte, seinem Sohne befehlen, dem Argiverkönige seine Dienste zu widmen. Aber der Halbgott entschloß sich ungerne, der Diener eines Sterblichen zu sein; er ging nach Delphi und befragte das Orakel darüber. Dieses gab ihm zur Antwort: Die von Eurystheus erschlichene Oberherrschaft sei von den Göttern dahin gemildert, daß Herakles zehn Arbeiten, welche jener ihm auflegen würde, zu vollbringen habe. Wenn solches geschehen sei, sollte er der Unsterblichkeit teilhaftig werden.

Herakles fiel hierüber in tiefe Schwermut; einem Geringeren zu dienen widerstrebte seinem Selbstgefühl und deuchte ihm unter seiner Würde; aber Zeus, dem Vater, nicht zu gehorchen, erschien ihm unheilbringend und unmöglich zugleich. Diesen Augenblick ersah sich Hera, aus deren Seele die Verdienste des Herakles um die Götter den Haß nicht zu tilgen vermocht hatten, und verwandelte seinen düstern Unmut in wilde Raserei. Er kam so ganz von Sinnen, daß er seinen geliebten Neffen Iolaos ermorden wollte, und als dieser entfloh, erschoß er seine eigenen Kinder, die ihm Megara geboren hatte, im Wahne, sein Bogen ziele nach Giganten. Es währte lange, bis er von diesem Wahnsinne wieder frei wurde; als er zur Erkenntnis seines Irrtums kam, bekümmerte er sich tief über sein schweres Unglück, verschloß sich in sein Haus und vermied allen Verkehr mit den Menschen. Als endlich die Zeit seinen Kummer linderte, entschloß er sich, die Aufträge des Eurystheus zu übernehmen, und kam zu diesem nach Tiryns, das auch zu dessen Königreiche gehörte.

Die drei ersten Arbeiten des Herakles

Die erste Arbeit, welche dieser König ihm auferlegte, bestand darin, daß Herakles ihm das Fell des Nemeischen Löwen herbeibringen sollte. Dieses Ungeheuer hauste auf dem Peloponnes, in den Wäldern zwischen Kleonai und Nemea in der Landschaft Argolis. Der Löwe konnte mit keinen menschlichen Waffen verwundet werden. Die einen sagten, er sei ein Sohn des Riesen Typhon und der Schlange Echidna, die anderen, er sei vom Mond auf die Erde herabgefallen. Also zog Herakles gegen den Löwen aus, den Köcher auf dem Rücken, den Bogen in der einen Hand, in der anderen eine Keule aus dem Stamme eines wilden Ölbaumes, den er selbst auf dem Helikon angetroffen und mitsamt den Wurzeln ausgerissen hatte. Als er in den Wald von Nemea kam, ließ Herakles seine Augen nach allen Seiten schweifen, um das reißende Tier zu entdecken, ehe er von ihm erblickt würde. Es war Mittag, und nirgends konnte er die Spur des Löwen bemerken, nirgends den Pfad zu seinem Lager erkunden; denn keinen Menschen traf er auf dem Felde bei den Stieren oder im Walde bei den Bäumen an; alle hielt die Furcht in ihre fernen Gehöfte verschlossen. Den ganzen Nachmittag durchstreifte er den dichtbelaubten Hain, entschlossen, seine Kraft zu erproben, sobald er des Ungeheuers ansichtig würde. Endlich gegen Abend kam der Löwe auf einem Waldwege gelaufen, um vom Fang in seinen Erdspalt zurückzukehren; er war von Fleisch und Blut gesättigt. Kopf, Mähne und Brust troffen von Mord, mit der Zunge leckte er sich das Kinn. Der Held, der ihn von ferne kommen sah, rettete sich in einen dichten Waldbusch, wartete, bis der Löwe näher kam, und schoß ihm dann einen Pfeil in die Flanken zwischen Rippen und Hüfte. Aber das Geschoß drang nicht ins Fleisch, es prallte wie von einem Steine ab und flog zurück auf den moosigen Waldboden. Das Tier hob seinen zur Erde gekehrten blutigen Kopf empor, ließ die Augen forschend nach allen Seiten rollen und im aufgesperrten Rachen die entsetzlichen Zähne sehen. So streckte es dem Halbgott die Brust entgegen, und dieser sandte schnell einen zweiten Pfeil ab, um ihn mitten in den Sitz des Atems zu treffen; aber auch diesmal drang das Geschoß nicht bis unter die Haut, sondern prallte von der Brust ab und fiel zu den Füßen des Ungetüms nieder. Herakles griff eben zum dritten Pfeil, als der Löwe, die Augen seitwärts drehend, ihn erblickte; er zog seinen langen Schweif an sich bis zu den hinteren Kniekehlen, sein ganzer Nacken schwoll vor Zorn auf, unter Murren sträubte sich seine Mähne, sein Rücken wurde krumm wie ein Bogen. Er sann auf Kampf und ging mit einem Sprung auf seinen Feind los. Herakles aber warf seine Pfeile aus der Hand und seine eigene Löwenhaut vom Rücken, mit der Rechten schwang er über dem Haupte des Tieres die Keule und versetzte ihm einen Schlag auf den Nacken, daß es mitten im Sprung wieder zu Boden stürzte und auf zitternden Füßen zu stehen kam, mit dem Kopf wackelnd. Ehe es wieder aufatmen konnte, kam ihm Herakles zuvor; er warf auch noch Bogen und Kö-

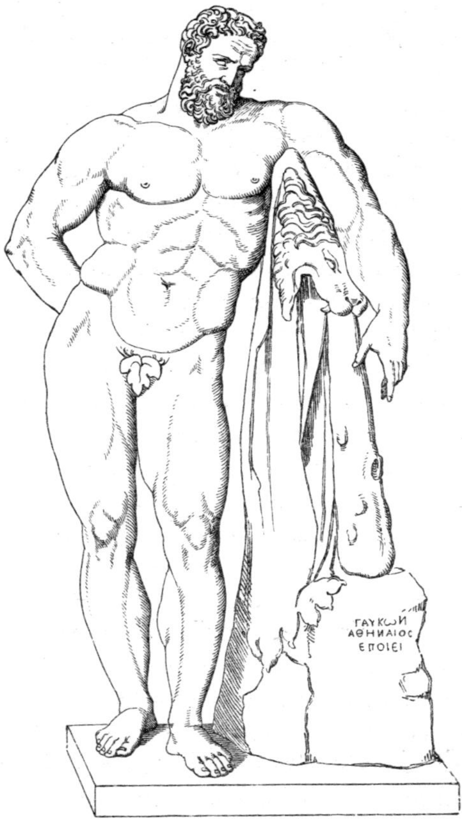

Herakles

cher zu Boden, um ganz ungehindert zu sein, nahte dem Untier von hinten, schlang die Arme um seinen Nacken und schnürte ihm die Kehle zu, bis es erstickte und seine grauenvolle Seele zum Hades zurücksandte. Lange versuchte er vergebens, die Haut des Gefallenen abzuweiden; sie wich keinem Eisen, keinem Steine. Endlich kam ihm in den Sinn, sie mit den Klauen des Tieres selbst abzuziehen, was auch sogleich gelang. Später verfertigte er sich aus diesem herrlichen Löwenfell einen Panzer und aus dem Rachen einen neuen Helm; für jetzt aber nahm er Kleid und Waffen, in denen er gekommen war, wieder zu sich und machte sich, das Fell des Nemeischen Löwen über den Arm gehängt, auf den Rückweg nach Tiryns. Als der König Eurystheus ihn mit der Hülle des gräßlichen Tieres daherkommen sah, geriet er über die göttliche Kraft des Helden in solche Angst, daß er in einen ehernen Topf kroch. Auch ließ er forthin den Herakles nicht mehr unter seine Augen kommen, sondern ihm seine Befehle nur außerhalb der Mauern durch Kopreus, einen Sohn des Pelops, zufertigen.

Die zweite Arbeit des Helden war, die Hydra zu erlegen, die ebenfalls eine Tochter des Typhon und der Echidna war. Sie war zu Argolis, im Sumpfe von Lerna aufgewachsen und pflegte aufs Land herauszukommen, die Herden zu zerreißen und das Feld zu verwüsten; dabei war sie unmäßig groß, eine Schlange mit neun Häuptern, von denen acht sterblich, das in der Mitte stehende aber unsterblich war. Herakles ging auch diesem Kampfe mutig entgegen; er bestieg sofort einen Wagen; sein geliebter Neffe Iolaos, der Sohn seines Stiefbruders Iphikles, der lange Zeit sein unzertrennlicher Gefährte blieb, setzte sich als Rosselenker ihm an die Seite, und so ging es im Fluge Lerna zu. Endlich wurde die Hydra auf einem Hügel bei den Quellen der Amymone sichtbar, wo sich ihre

Höhle befand. Hier ließ Iolaos die Pferde halten; Herakles sprang vom Wagen und zwang durch Schüsse mit brennenden Pfeilen die vielköpfige Schlange, ihren Schlupfwinkel zu verlassen. Die kam zischend hervor, und ihre neun Hälse schwankten emporgerichtet auf dem Leibe, wie die Äste eines Baumes im Sturm. Herakles ging unerschrocken ihr entgegen, packte sie kräftig und hielt sie fest. Sie aber umschlang einen seiner Füße, ohne sich auf weitere Gegenwehr einzulassen. Nun fing er an, mit seiner Keule ihr die Köpfe zu zerschmettern. Aber er konnte nicht zum Ziele kommen. War ein Haupt zerschlagen, so wuchsen deren zwei hervor. Zugleich kam der Hyder ein Riesenkrebs zur Hilfe, der den Helden empfindlich am Fuße faßte. Den tötete er jedoch mit seiner Keule und rief dann den Iolaos zu Hilfe. Dieser hatte schon eine Fackel gerüstet; er zündete damit einen Teil des nahen Waldes an, und mit den Bränden überfuhr er die neu wachsenden Häupter der Schlange bei ihrem ersten Emporkeimen und hinderte sie so, hervorzutreiben. Auf diese Weise wurde der Held der emporwachsenden Köpfe Meister und schlug nun der Hyder auch das unsterbliche Haupt ab; dieses begrub er am Wege und wälzte einen schweren Stein darüber. Den Rumpf der Hyder spaltete er in zwei Teile, seine Pfeile aber tauchte er in ihr Blut, das giftig war. Seitdem schlug des Helden Geschoß unheilbare Wunden.

Der dritte Auftrag des Eurystheus war, die Hirschkuh Kerynitis lebendig zu fangen; dies war ein herrliches Tier, hatte goldene Geweihe und eherne Füße und weidete auf einem Hügel Arkadiens. Sie war eine der fünf Hindinnen gewesen, an welchen die Göttin Artemis ihre erste Jagdprobe abgelegt hatte. Diese allein von den fünfen hatte sie wieder in die Wälder laufen lassen, weil es vom Schicksal beschlossen war, daß Herakles sich einmal darüber müde jagen sollte. Ein ganzes Jahr verfolgte er sie, kam auf dieser Jagd zu den Hyperboreern und an die Quellen des Isterflusses und holte die Hindin endlich am Flusse Ladon, unweit der Stadt Önoe, am artemisischen Berge, ein. Doch wußte er des Tieres nicht auf andere Weise Meister zu werden, als daß er es durch einen Pfeilschuß lähmte und dann auf seinen Schultern durch Arkadien trug. Hier begegnete ihm die Göttin Artemis (Diana) mit Apoll, schalt ihn, daß er das Tier, das ihr geheiligt war, habe töten wollen, und machte Miene, ihm die Beute zu entreißen. „Nicht Mutwille hat mich bewogen, große Göttin", sprach Herakles zu seiner Rechtfertigung, „die Notwendigkeit hat mich gezwungen, es zu tun; wie könnte ich sonst vor Eurystheus bestehen?" So besänftigte er den Zorn der Göttin und brachte das Tier lebendig nach Mykene.

Die vierte Arbeit des Herakles bis zur sechsten

Sofort ging es an die vierte Unternehmung. Sie bestand darin, den Erymanthischen Eber, der, gleichfalls der Artemis geheiligt, die Gegend des Berges Erymanthos verwüstete, lebendig nach Mykene zu liefern. Auf seiner Wanderung nach diesem Abenteuer kehrte Herakles unterwegs bei Pholos, dem Sohne des Silenos, ein. Dieser, der wie alle Zentauren halb Mensch, halb Roß war, empfing seinen Gast sehr freundlich und setzte ihm das Fleisch gebraten vor, während er selbst es roh verzehrte. Aber Herakles begehrte zu der feinen Mahlzeit auch einen guten Trunk. „Lieber Gast", sprach Pholos, „es liegt wohl ein Faß in meinem Keller, dieses aber gehört allen Zentauren gemeinschaftlich zu, und ich trage Bedenken, es öffnen zu lassen, weil ich weiß, wie wenig die Zentauren nach Gästen fragen." „Öffne es nur guten Muts", erwiderte Herakles; „ich verspreche dir, dich gegen alle ihre Anfälle zu verteidigen; mich dürstet!" Es hatte aber dieses Faß Bakchos, der Gott des Weines, selbst einem Zentauren mit dem Befehle übergeben, dasselbe nicht eher zu öffnen, als bis nach vier Menschenaltern Herakles in dieser Gegend einkehren würde. So ging denn Pholos in den Keller; kaum hatte er das Faß eröffnet, so rochen die Zentauren den Duft des starken alten Weines und umringten, haufenweise herbeiströmend, mit Felsstücken und Fichtenstämmen bewaffnet, die Höhle des Pholos. Die ersten, die es wagten, einzudringen, jagte Herakles mit geschleuderten Feuerbränden zurück; die übrigen verfolgte er mit Pfeilschüssen bis nach Malea, wo der gute Zentaur Chiron, des Herakles' alter Freund, wohnte. Zu diesem flüchteten seine Stammesbrüder. Aber Herakles hatte, als sie eben mit ihm zusammentrafen, mit dem Bogen auf sie gezielt und schoß einen Pfeil ab, der, durch den Arm eines Zentauren dringend, unglücklicherweise in das Knie Chirons fuhr und dort steckenblieb. Jetzt erst erkannte Herakles den Freund seiner früheren Tage, lief bekümmert hinzu, zog den Pfeil heraus und legte ein Heilmittel auf, das der arzneikundige Chiron selbst hergegeben hatte. Aber die Wunde, vom Gifte der Hyder durchdrungen, war unheilbar; der Zentaur ließ sich in seine Höhle bringen und wünschte, hier in den Armen seines Freundes zu sterben. Vergeblicher Wunsch! Der Arme hatte nicht daran gedacht, daß er zu seiner Qual unsterblich sei. Herakles nahm von dem Gequälten unter vielen Tränen Abschied und versprach ihm, es koste, was es wolle, den Tod, den Erlöser, zu senden. Wir wissen aus der Sage von Prometheus, daß er Wort gehalten hat. Als Herakles von der Verfolgung der übrigen Zentauren in seines Freundes Höhle zurückkehrte, fand er Pholos, seinen liebreichen Wirt, auch tot. Dieser hatte aus einem Zentaurenleichnam den Todespfeil gezogen; während er sich nun wunderte, wie ein so kleines Ding so große Geschöpfe hatte niederwerfen können, entglitt das vergiftete Geschoß seiner Hand, fuhr ihm in den Fuß und tötete ihn auf der Stelle. Herakles war sehr betrübt, er bestattete ihn ehrenvoll, indem er ihn unter den Berg legte, der seitdem Pholoë genannt ward. Dann ging er weiter, den Eber zu jagen; er trieb denselben mit Geschrei aus dem Dickicht des Waldes heraus, verfolgte ihn ins tiefe Schneefeld, fing hier das erschöpfte Tier mit einem Stricke und brachte es, wie ihm befohlen war, lebendig nach Mykene.

Darauf schickte ihn der König Eurystheus zur fünften Arbeit fort, die eines Helden wenig würdig war. Er sollte den Viehhof des Augias in einem einzigen Tage ausmisten. Augias war König in Elis und hatte eine Menge Viehherden. Sein Vieh stand nach Art der Alten in einer großen Verzäumung vor dem Palaste. Dreitausend Rinder hatten da geraume Zeit gestanden, und so hatte sich seit vielen Jahren eine unendliche Menge Mist angehäuft, die nun Herakles zur Schmach und, was unmöglich schien, in einem einzigen Tage hinausschaffen sollte.

Als der Held vor den König Augias trat und, ohne etwas von dem Auftrage des Eurystheus zu erwähnen, sich zu dem genannten Dienste erbot, maß dieser die herrliche Gestalt in der Löwenhaut und konnte kaum das Lachen unterdrücken, wenn er dachte, daß einen so edlen Krieger nach so gemeinem Knechtdienste gelüsten könne. Indessen dachte er bei sich: ‚Der Eigennutz hat schon manchen wackern Mann verführt; es mag sein, daß er sich an mir bereichern will. Das wird ihm wenig helfen. Ich darf ihm immerhin einen großen

Lohn versprechen, wenn er mir den ganzen Stall ausmistet, denn er wird in dem einen Tag wenig genug hinaustragen.' Darum sprach er getrost: „Höre, Fremdling, wenn du das kannst und mir an einem Tag all den Mist herausschaffest, so will ich dir den zehnten Teil meines ganzen Viehbestandes zur Belohnung überlassen." Herakles ging die Bedingungen ein, und der König dachte nun nicht anders, als daß er zu schaufeln anfangen würde. Herakles aber, nachdem er zuvor den Sohn des Augias, Phyleus, zum Zeugen jenes Vertrages genommen hatte, riß den Grund des Viehhofs auf der einen Seite auf, leitete die nicht weit davon fließenden Ströme Alpheios und Peneios durch einen Kanal heran und ließ sie den Mist wegspülen und durch eine andere Öffnung wieder ausströmen. So vollzog er einen schmachvollen Auftrag, ohne zu einer Handlung sich zu erniedrigen, die eines Unsterblichen unwürdig gewesen wäre. Als aber Augias erfuhr, daß dies von Herakles als Auftrag des Eurystheus geschehen sei, verweigerte er den Lohn und leugnete geradezu, ihn versprochen zu haben; doch erklärte er sich bereit, die Streitsache einem richterlichen Spruch anheimzustellen. Als die Richter beisammensaßen, das Urteil zu fällen, trat Phyleus, von Herakles aufgefordert, auf, zeugte gegen seinen eigenen Vater und erklärte, daß dieser allerdings über einen Lohn mit Herakles übereingekommen sei. Augias wartete den Spruch nicht ab, er ergrimmete und befahl dem Sohne wie dem Fremdling, sein Reich auf der Stelle zu verlassen.

Herakles kehrte nun unter neuen Abenteuern zu Eurystheus zurück. Dieser aber wollte die eben vollbrachte Arbeit nicht gültig sein lassen, weil Herakles Lohn dafür gefordert habe. Dennoch schickte er ihn sogleich wieder auf ein sechstes Abenteuer aus und gab ihm auf, die Stymphaliden zu verjagen. Dies waren ungeheure Raubvögel, so groß wie

Kraniche, mit eisernen Flügeln, Schnäbeln und Klauen versehen. Sie hausten um den See Stymphalos in Arkadien und besaßen die Macht, ihre Federn wie Pfeile abzudrücken und mit ihren Schnäbeln selbst eherne Panzer zu durchbrechen; dadurch richteten sie in der Umgebung unter Menschen und Vieh große Verwüstungen an, und wir kennen sie schon vom Argonautenzuge her. Herakles, des Wanderns gewohnt, langte nach kurzer Rast bei dem See an, der von einem großen Gehölze dicht umschattet ruhte. In diesen Wald hatte sich eben eine unermeßliche Schar jener Vögel geflüchtet, aus Furcht, von den Wölfen geraubt zu werden. Herakles stand ratlos da, als er die ungeheure Menge erblickte, und wußte nicht, wie er über so viele Feinde Meister werden sollte. Auf einmal fühlte er einen leichten Schlag auf der Schulter; hinter sich blickend, ward er Athenes Riesenerscheinung gewahr, die ihm zwei mächtige eherne Klappern in die Hände gab, welche Hephaistos ihr verfertigt hatte; sie bedeutete ihm, diese gegen die Stymphaliden anzuwenden, und verschwand wieder. Herakles bestieg nun eine Anhöhe in der Nähe des Sees und schreckte die Vögel, indem er die Klappern zusammenschlug. Diese hielten das gellende Getöse nicht aus, sondern flogen furchtsam aus dem Walde hervor. Darauf griff Herakles zum Bogen, legte Pfeil um Pfeil an und schoß ihrer viele im Fluge weg. Die anderen verließen die Gegend und kamen nicht wieder.

Die siebente, achte und neunte Arbeit des Herakles

Der König Minos in Kreta hatte dem Gotte Poseidon (Neptun) versprochen, ihm zu opfern, was zuerst aus dem Meere auftauchen würde; denn Minos hatte behauptet, daß er kein Tier besitze, das würdig sei, zu einem so hohen Opfer zu dienen. Darum ließ der Gott einen ausnehmend schönen Stier aus dem Meere aufsteigen; den König aber verleitete die herrliche Gestalt des Tieres, das sich seinen Blicken darbot, dasselbe heimlich unter seine Herde zu stecken und dem Poseidon einen anderen Stier als Opfer unterzuschieben. Hierüber erzürnt, hatte der Meergott zur Strafe den Stier rasend werden lassen, und dieser richtete nun auf der Insel Kreta große Verwüstungen an. Ihn zu bändigen und vor Eurystheus zu bringen, wurde dem Herakles als siebente Arbeit aufgetragen. Als er mit seinem Ansinnen nach Kreta und vor Minos kam, war dieser nicht wenig erfreut über die Aussicht, den Verderber der Insel loszuwerden, ja er half ihm selbst das wütende Tier einzufangen, und die Heldenkraft des Herakles bändigte den rasenden Ochsen so gründlich, daß, um den Stier nach dem Peloponnes zu schaffen, er sich von demselben auf dem ganzen Wege nach der See wie von einem Schiffe tragen ließ. Mit dieser Arbeit war Eurystheus zufrieden, ließ jedoch das Tier, nachdem er es eine kurze Zeit mit Wohlgefallen betrachtet, sofort wieder frei. Als der Stier nicht mehr im Banne des Herakles war, kehrte seine alte Raserei zurück, er durchirrte ganz Lakonien und Arkadien, streifte über den Isthmus nach Marathon in Attika und verheerte hier das Land wie vordem auf der Insel Kreta. Erst dem Theseus gelang es später, Meister über ihn zu werden.

Als achte Arbeit trug nun sein Vetter dem Herakles auf,

die Stuten des Thrakiers Diomedes nach Mykene zu bringen. Dieser war ein Sohn des Ares und König der Bistonen, eines sehr kriegerischen Volkes. Er besaß Stuten, die so wild und stark waren, daß man sie an eherne Krippen mit eisernen Ketten band. Ihr Futter bestand nicht aus Hafer, sondern die Fremdlinge, welche das Unglück hatten, in die Stadt des Königs zu kommen, wurden ihnen vorgeworfen, und das Fleisch derselben diente den Rossen zur Nahrung. Als Herakles ankam, war sein erstes, den unmenschlichen König selbst zu fassen und ihn seinen eigenen Stuten vorzuwerfen, nachdem er die bei den Krippen aufgestellten Wächter übermannt hatte. Durch diese Speise wurden die Tiere zahm, und er trieb sie nun ans Gestade des Meeres. Aber die Bistonen kamen unter Waffen hinter ihm her, so daß Herakles sich umwenden und gegen sie kämpfen mußte. Er gab die Tiere seinem Liebling und Begleiter Abderos, dem Sohne des Hermes, zu bewachen. Als Herakles fort war, kam die Stuten wieder ein Gelüste nach Menschenfleisch an, und Herakles fand, als er die Bistonen in die Flucht geschlagen hatte und zurückgekehrt war, seinen Freund von den Rossen zerrissen. Er betrauerte den Getöteten und gründete ihm zu Ehren eine Stadt seines Namens, Abdera. Dann bändigte er die Stuten wieder und gelangte glücklich mit ihnen zu Eurystheus. Dieser weihte die Pferde der Hera. Ihre Nachkommenschaft dauerte noch lange fort, ja der König Alexander von Makedonien ritt noch auf einem Abkömmling derselben. Nachdem Herakles diese Arbeit ausgeführt, schiffte er sich mit dem Heere des Iason, der das Goldne Vlies holen sollte, nach Kolchis ein, wovon wir schon erzählt haben.

Von langer Irrfahrt zurückgekehrt, unternahm der Held den Zug gegen die Amazonen, um das neunte Abenteuer zu bestehen und das Wehrgehenk der Amazone Hippolyte dem

Eurystheus zu bringen. Die Amazonen bewohnten die Gegend um den Fluß Thermodon in Pontus und waren ein großes Frauenvolk, das einzig Männerwerk trieb. Von ihren Kindern erzogen sie nur diejenigen, die weiblichen Geschlechts waren. In Scharen vereinigt, zogen sie zu Kriegen aus. Hippolyte, ihre Königin, trug als Zeichen ihrer Herrscherwürde den genannten Gürtel, den sie vom Kriegsgotte selbst zum Geschenk erhalten hatte. Herakles sammelte zu seinem Zuge freiwillig Kampfgenossen auf einem Schiffe, fuhr nach mancherlei Ereignissen ins Schwarze Meer und lief endlich in die Mündung des Flusses Thermodon und in den Hafen der Amazonenstadt Themiskyra ein. Hier kam ihm die Königin der Amazonen entgegen. Das herrliche Ansehen des Helden flößte ihr Hochachtung ein, und als sie die Absicht seines Kommens erkundet, versprach sie ihm das Wehrgehenk. Aber Hera, die unversöhnliche Feindin des Herakles, nahm die Gestalt einer Amazone an, mischte sich unter die Menge der übrigen und breitete das Gerücht aus, daß ein Fremder ihre Königin entführe. Augenblicklich schwangen sich alle Männinnen zu Pferde und griffen den Halbgott in dem Lager an, das er vor der Stadt aufgeschlagen hatte. Die gemeinen Amazonen fochten mit den Kriegern des Helden, die vornehmsten aber stellten sich ihm selbst gegenüber und bereiteten ihm einen schweren Kampf. Die erste, die den Streit mit ihm begann, hieß von ihrer Schnelligkeit Aëlla oder Windsbraut, aber sie fand an Herakles einen noch schnelleren Gegner, mußte weichen und ward auf windschneller Flucht von ihm eingeholt und niedergemacht. Eine zweite fiel auf den ersten Angriff, dann Prothoë, die dritte, die siebenmal im Zweikampf gesiegt hatte. Nach ihr erlagen acht andere, darunter drei Jagdgefährtinnen der Artemis, die sonst immer so sicher mit dem Wurfspieße getroffen hatten, nur diesmal ihr Ziel verfehlten und, vergebens unter ihren Schilden sich dekkend, den Pfeilen des Heros erlagen. Auch Alkippe fiel, die geschworen hatte, ihr Leben lang unvermählt zu bleiben; den Schwur hielt sie, aber am Leben blieb sie nicht. Nachdem auch Melanippe, die tapfere Führerin der Amazonen, gefangen war, griffen alle zur wilden Flucht, und Hippolyte, die Königin, gab das Wehrgehenk heraus, wie sie auch vor der Schlacht versprochen hatte. Herakles nahm es als Lösegeld an und gab Melanippe dafür frei. Auf der Rückfahrt bestand der Held ein neues Abenteuer an der trojanischen Küste. Hier war Hesione, Laomedons Tochter, an einen Felsen gebunden und einem Ungeheuer zum Fraß ausgesetzt. Ihrem Vater hatte Poseidon die Mauern von Troja erbaut und den Lohn nicht erhalten; dafür verwüstete ein Seeuntier Trojas Gebiet so lange, bis der verzweifelte Laomedon ihm seine eigene Tochter preisgab. Als Herakles vorüberfuhr, rief ihn der jammernde Vater zu Hilfe und versprach, ihm für die Rettung der Tochter die herrlichen Rosse zu geben, die sein Vater von Zeus zum Geschenke bekommen hatte. Herakles legte an und erwartete das Ungetüm. Als es kam und den Rachen aufsperrte, die Jungfrau zu verschlingen, sprang er in den Rachen des Tieres, zerschnitt ihm alle Eingeweide und stieg aus dem Getöteten, wie aus einer Mördergrube, wieder hervor. Aber Laomedon hielt auch diesmal sein Wort nicht, und Herakles fuhr unter Drohungen davon.

Die drei letzten Arbeiten des Herakles

Als der Held das Wehrgehenk der Königin Hippolyte zu Eurystheus' Füßen niedergelegt hatte, gönnte dieser ihm keine Rast, sondern schickte ihn sogleich wieder aus, die Rinder des Riesen Geryones herbeizuschaffen.

Dieser besaß auf der Insel Erythia, im Meerbusen von Gadira (Cadix), eine Herde schöner braunroter Rinder, die ein anderer Riese und ein zweiköpfiger Hund ihm hüteten. Geryones selbst war ungeheuer groß, hatte drei Leiber, drei Köpfe, sechs Arme und sechs Füße. Kein Erdensohn hatte sich je an ihn gewagt; Herakles sah wohl, wie viele Vorbereitungen dieses beschwerliche Unternehmen erfordere. Es war weltbekannt, daß des Geryones Vater, Chrysaor, der den Namen Goldschwert von seinem Reichtum hatte, König von ganz Iberien (Spanien) war, daß außer Geryones noch drei tapfere und riesige Söhne für ihn stritten und jeder Sohn ein zahlreiches Heer von streitbaren Männern unter seinem Befehle hatte.

Eben darum hatte Eurystheus dem Herakles jene Arbeit aufgetragen; denn er hoffte, auf einem Kriegszug in ein solches Land werde er sein verhaßtes Leben doch endlich lassen müssen. Doch Herakles ging den Gefahren nicht erschrockener entgegen, als allen seinen früheren Taten. Er sammelte seine Heere auf der Insel Kreta, die er von wilden Tieren befreit hatte, und landete zuerst in Libyen. Hier rang er mit dem Riesen Antaios, der neue Kräfte erhielt, sooft er seine Mutter, die Erde, berührte; aber Herakles hielt ihn in die freie Luft und drückte ihn da zu Tode. Auch reinigte er Libyen von den Raubtieren; denn er haßte wilde Tiere und ruchlose Menschen, weil er in ihnen allen das Bild des übermütigen und ungerechten Herrschers erblickte, dem er so lange dienstbar gewesen war.

Nach einer langen Wanderung durch wasserlose Gegenden kam er endlich in ein fruchtbares, von Flüssen durchströmtes Gebiet. Hier gründete er eine Stadt von ungeheurer Größe und nannte sie Hekatompylos (Hunderttor). Zuletzt gelangte er an den Atlantischen Ozean, gegenüber von Gadira; hier pflanzte er die beiden berühmten Heraklessäulen auf.

Die Sonne brannte entsetzlich; Herakles ertrug es nicht länger, er richtete seine Augen nach dem Himmel und drohte mit aufgehobenem Bogen, den Sonnengott niederzuschießen. Dieser bewunderte seinen Mut und lieh ihm, um weiterzukommen, die goldene Schale, in welcher der Sonnengott selbst seinen nächtlichen Weg vom Niedergange bis zum Aufgange zurücklegt. Auf dieser fuhr Herakles mit seiner nebenher segelnden Flotte nach Iberien hinüber. Hier fand er die drei Söhne des Chrysaor mit drei großen Heeren, einen nicht weit vom anderen gelegen; er aber tötete die Anführer alle im Zweikampfe und eroberte das Land. Dann kam er nach der Insel Erythia, wo Geryones mit seinen Herden hauste. Sobald der doppelköpfige Hund seine Ankunft innewurde, fuhr er auf ihn los; allein Herakles empfing ihn mit dem Knittel, erschlug ihn und darauf auch den riesigen Rinderhirten, der dem Hunde zu Hilfe gekommen war. Dann eilte er mit den Rindern davon, aber Geryones holte ihn ein, und es kam zu einem schweren Kampfe. Hera selbst erschien, dem Riesen beizustehen; jedoch Herakles schoß ihr einen Pfeil in die Brust, daß die Göttin verwundet entfliehen mußte. Auch der dreifache Leib des Riesen, der in der Gegend des Magens zusammenlief, fing hier den tödlichen Pfeil auf und mußte erliegen. Unter glorreichen Taten vollbrachte Herakles seinen

Rückweg, indem er zu Lande die Rinder durch Iberien und Italien trieb. Bei Rhegium in Unteritalien entflief ihm einer seiner Ochsen, setzte über die Meerenge und entkam so nach Sizilien. Sogleich trieb er auch die anderen Ochsen ins Wasser und schwamm, indem er einen Stier am Horn faßte, nach Sizilien hinüber. Unter mancherlei Taten kam der Held nun glücklich über Italien, Illyrien und Thrakien nach Griechenland zurück und auf dem Isthmus an.

Jetzt hatte Herakles zehn Arbeiten vollbracht, weil aber Eurystheus zwei nicht gelten ließ, so mußte er sich bequemen, noch zwei weitere zu verrichten.

Einst, bei der feierlichen Vermählung des Zeus mit Hera, als alle Götter dem erhabenen Paar ihre Hochzeitsgeschenke darbrachten, wollte auch Gaia (die Erde) nicht zurückbleiben; sie ließ am Westgestade des großen Weltmeeres einen ästereichen Baum voll goldener Äpfel hervorwachsen. Vier Jungfrauen, Hesperiden genannt, Töchter der Nacht, waren die Wärterinnen dieses heiligen Gartens, den außerdem noch ein hundertköpfiger Drache bewachte. Ladon, ein Sprößling des Phorkys, des berühmten Vaters so vieler Ungeheuer, und der erdgeborenen Keto. Kein Schlaf kam je über die Augen dieses Drachen, und ein fürchterliches Gezisch verkündete seine Nähe, denn jede seiner hundert Kehlen ließ eine andere Stimme hören. Diesem Ungeheuer, so lautete der Befehl des Eurystheus, sollte Herakles die goldenen Äpfel der Hesperiden entreißen. Der Halbgott machte sich auf den langen und abenteuervollen Weg, auf welchem er sich dem blinden Zufall überließ, denn er wußte nicht, wo die Hesperiden wohnten. Zuerst gelangte er nach Thessalien, wo der Riese Termeros hauste, der alle Reisenden, denen er begegnete, mit seinem harten Hirnkasten zu Tode rannte. Aber an des göttlichen Herakles' Schädel zersplitterte das Haupt des Riesen. Weiter vorwärts, am Flusse Echedoros, kam dem Helden ein anderes Ungetüm in den Weg. Kyknos, der Sohn des Ares und der Pyrene. Dieser, von dem Halbgotte nach den Gärten der Hesperiden befragt, forderte statt aller Antwort den Wanderer zum Zweikampf heraus und wurde von Herakles erschlagen. Da erschien Ares, der Gott, selbst, den getöteten Sohn zu rächen, und Herakles sah sich gezwungen, mit ihm zu kämpfen. Aber Zeus wollte nicht, daß seine Söhne Bruderblut vergössen, und ein plötzlich mitten zwischen beide geschleuderter Blitz trennte die Kämpfer. Herakles schritt nun weiter durchs illyrische Land, eilte über den Fluß Eridanos und kam zu den Nymphen des Zeus und der Themis, die an den Ufern dieses Stromes wohnten. Auch an sie richtete der Held seine Frage. „Geh zu dem alten Stromgotte Nereus", war die Antwort, „der ist ein Wahrsager und weiß alle Dinge. Überfalle ihn im Schlaf und binde ihn, so wird er, gezwungen, den rechten Weg dir angeben." Herakles befolgte diesen Rat und bemeisterte sich des Flußgottes, obgleich dieser nach seiner Gewohnheit sich in allerlei Gestalten verwandelte. Er ließ ihn nicht eher los, bis er erkundet hatte, in welcher Weltgegend er die goldenen Äpfel der Hesperiden antreffen werde. Hierüber belehrt, durchzog er weiter Libyen und Ägypten. Über das letztere Land herrschte Busiris, der Sohn des Poseidon und der Lysianassa. Ihm war bei einer neunjährigen Teurung durch einen Wahrsager aus Zypern das grausame Orakel geworden, daß die Unfruchtbarkeit aufhören sollte, wenn dem Zeus jährlich ein fremder Mann geschlachtet würde. Zum Danke machte Busiris den Anfang mit dem Wahrsager selbst; allmählich fand der Barbar ein Gefallen in dieser Gewohnheit und schlachtete alle Fremdlinge, welche nach Ägypten kamen. So wurde denn auch Herakles ergriffen und zu den Altären des Zeus geschleppt. Er aber riß die Bande, die ihn fesselten, entzwei und erschlug den Busiris mitsamt seinem Sohn und dem priesterlichen Herold. Unter mancherlei Abenteuern zog der Held weiter, befreite, wie schon erzählt worden ist, den an den Kaukasus geschmiedeten Titanen Prometheus und gelangte endlich, nach der Anweisung des Entfesselten, in das Land, wo Atlas die Last des Himmels trug und in dessen Nähe der Baum mit den goldenen Äpfeln von den Hesperiden gehütet wurde. Prometheus hatte dem Halbgott geraten, sich nicht selbst dem Raube der goldenen Früchte zu unterziehen, sondern den Atlas auf diesen Fang auszusenden. Er selbst erbot sich, dafür diesem solange das Tragen des Himmels auf sich zu nehmen. Atlas bezeigte sich willig, und Herakles stemmte die mächtigen Schultern dem Himmelsgewölbe unter. Jener dagegen machte sich auf, schläferte den um den Baum sich ringelnden Drachen ein, tötete ihn, überlistete die Hüterinnen und kam mit drei Äpfeln, die er gepflückt, glücklich zu Herakles. „Aber“, sprach er, „meine Schultern haben nun einmal empfunden, wie es schmeckt, wenn der eherne Himmel nicht auf ihnen lastet. Ich mag ihn fürder nicht wieder tragen.“ So warf er die Äpfel vor dem Halbgott auf den Rasen und ließ diesen mit der ungewohnten, unerträglichen Last stehen. Herakles mußte auf eine List sinnen, um loszukommen. „Laß mich“, sprach er zu dem Himmelsträger, „nur einen Bausch von Stricken um den Kopf winden, damit mir die entsetzliche Last nicht das Gehirn zersprengt.“ Atlas fand die Forderung billig und stellte sich, nach seiner Meinung auf wenige Augenblicke, dem Himmel wieder unter. Aber er konnte lange warten, bis Herakles ihn wieder ablöste, und der Betrüger wurde zum Betrogenen. Denn jener nahm die Früchte vom Rasen auf und ging davon. Er brachte sie dem Eurystheus, der sie, da sein Zweck, den Herakles aus dem Wege zu räumen, doch nicht erreicht war, dem Helden wieder als Geschenk zurückgab. Der legte sie auf dem Altare Athenes nieder; die Göttin aber wußte, daß es der heiligen Bestimmung dieser göttlichen Früchte zuwider war, irgendwo anders aufbewahrt zu werden, und so trug sie die Äpfel wieder in den Garten der Hesperiden zurück.

Statt den verhaßten Nebenbuhler zu vernichten, hatten die bisher ihm von Eurystheus aufgetragenen Arbeiten den Herakles nur in dem Berufe verherrlicht, der ihm vom Schicksal angewiesen war; sie hatten ihn als Vertilger jener Unmenschlichkeit auf Erden, als den echt menschlichen Wohltäter der Sterblichen dargestellt. Das letzte Abenteuer aber sollte er in einer Region bestehen, wohin ihn – so hoffte der arglistige König – seine Heldenkraft nicht begleiten würde; ein Kampf mit den finsteren Mächten der Unterwelt stand ihm bevor: Er sollte Kerberos, den Höllenhund, aus dem Hades heraufbringen. Das Untier hatte drei Hundeköpfe mit gräßlichen Rachen, aus denen unaufhörlich giftiger Geifer träufelte, ein Drachenschwanz hing ihm vom Leibe herunter, und das Haar der Köpfe und des Rückens bildeten zischende, geringelte Schlangen. Sich für diese Grausen erregende Fahrt zu befähigen, ging Herakles in die Stadt Eleusis im attischen Gebiet, wo eine Geheimlehre über göttliche Dinge der Ober- und Unterwelt von kundigen Priestern gehegt wurde, und ließ sich von dem Priester Eumolpos in die dortigen Geheimnisse einweihen, nachdem er an heiliger Stätte vom Morde der Zentauren entsündigt worden war. So mit geheimer Kraft, den Schrecken der Unterwelt zu begegnen, ausgerüstet, wanderte er in den Peloponnes und nach der lakonischen Stadt Tainaron, wo sich die Mündung der Unterwelt befand. Hier stieg er, von Hermes, dem Begleiter der Seelen, geleitet, die tiefe Erdkluft hinab und kam zur Unterwelt vor die Stadt des Königes Pluto. Die Schatten, die vor den Toren der Hadesstadt traurig lustwandelten – denn in der Unterwelt ist kein heiteres Leben wie im Sonnenlichte, – ergriffen die Flucht, als sie Fleisch und Blut in lebendiger Menschengestalt erblickten; nur die Gorgone Medusa und der Geist Meleagers hielten stand. Nach jeder wollte Herakles einen Schwertstreich führen, aber Hermes fiel ihm in den Arm und belehrte ihn, daß die Seelen der Abgeschiedenen leere Schattenbilder und vom Schwerte nicht verwundbar seien. Mit der Seele Meleagers dagegen unterhielt sich der Halbgott freundlich und empfing von ihm sehnsüchtige Grüße für die Oberwelt an seine geliebte Schwester Deïanira. Ganz nahe zu den Pforten des Hades gekommen, erblickte er seine Freunde Theseus und Peirithoos, der letzte hatte sich in der Unterwelt, vom andern begleitet, als Freier der Persephone eingefunden, und beide waren wegen dieses frechen Unterfangens von Pluto an den Stein, auf den die Ermüdeten sich niedergelassen hatten, gefesselt worden. Als beide den befreundeten Halbgott erblickten, streckten sie flehend die Hände nach ihm aus und zitterten vor Hoffnung, durch seine Kraft die Oberwelt wieder erklimmen zu können. Den Theseus ergriff auch Herakles wirklich bei der Hand, befreite ihn von seinen Banden und richtete ihn vom Boden, an den er gefesselt gelegen hatte, wieder auf. Ein zweiter Versuch, auch den Peirithoos zu befreien, mißlang, denn die Erde fing an, ihm unter den Füßen zu beben. Vorschreitend erkannte Herakles auch den Askalaphos, der einst verraten hatte, daß Persephone von den Rückkehr verwehrenden Granatäpfeln des Hades gegessen; er wälzte den Stein ab, den Demeter in Verzweiflung über den Verlust ihrer Tochter auf ihn gewälzt hatte. Dann fiel er unter die Herden des Pluto und schlachtete eines der

Rinder, um die Seelen mit Blut zu tränken; dies wollte der Hirte dieser Rinder, Menötios, nicht gestatten und forderte deswegen den Helden zum Ringkampfe auf. Herakles aber faßte ihn mitten um den Leib, zerbrach ihm die Rippen und gab ihn nur auf Bitten der Unterweltfürstin Persephone selbst wieder frei. Am Tore der Totenstadt stand der König Pluto und verwehrte ihm den Eintritt. Aber das Pfeilgeschoß des Heroen durchbohrte den Gott an der Schulter, daß er Qualen der Sterblichen empfand und, als der Halbgott nun bescheidentlich um Entführung des Höllenhundes bat, sich nicht länger widersetzte. Doch forderte er als Bedingung, daß Herakles desselben mächtig werden sollte, ohne die Waffen zu gebrauchen, die er bei sich führe. So ging der Held, einzig mit seinem Brustharnische bedeckt und mit der Löwenhaut umhangen, aus, das Untier zu fangen. Er fand ihn an der Mündung des Acheron hingekauert, und ohne auf das Bellen des Dreikopfs zu achten, das wie ein sich in Widerhallen vervielfältigender dumpfer Donner tönte, nahm er die Köpfe zwischen die Beine, umschlang den Hals mit den Armen und ließ ihn nicht los, obgleich der Schwanz des Tieres, der eine lebendige Schlange war, sich vorwärts bäumte und der Drache ihn in die Weiche biß. Er hielt den Nacken des Ungetümes fest und schnürte ihn so lange zu, bis er über das ungebärdige Tier Meister ward, da er es dann aufhob und durch eine andere Mündung des Hades bei Trözen im argonischen Lande glücklich wieder zur Oberwelt auftauchte. Als der Höllenhund das Tageslicht erblickte, entsetzte er sich und fing an, den Geifer von sich zu speien; davon wuchs der giftige Eisenhut aus dem Boden hervor. Herakles brachte das Ungeheuer in Fesseln sofort nach Tiryns und hielt es dem staunenden Eurystheus, der seinen eigenen Augen nicht traute, entgegen. Jetzt verzweifelte der König daran, jemals des verhaßten Zeussohnes loszuwerden, ergab sich in sein Schicksal und entließ den Helden, der den Höllenhund zurück in die Unterwelt brachte.

Herakles und Eurytos

Herakles, nach allen diesen Mühsalen endlich vom Dienste des Eurystheus befreit, kehrte nach Italien zurück. Mit seiner Gemahlin Megara, der er im Wahnsinn die Kinder umgebracht hatte, konnte er nicht mehr leben; er trat sie daher mit ihrem Willen seinem geliebten Vater Iolaos zur Gattin ab und dachte selbst auf eine neue Vermählung. Seine Neigung wandte sich der schönen Iole zu, der Tochter des Königes Eurytos in Öchalia auf der Insel Euböa, der den Herakles einst als Knaben in der Kunst des Bogenschießens unterrichtet hatte. Dieser König hatte seine Tochter demjenigen Wettkämpfer versprochen, der ihn und seine Söhne im Bogenschießen übertreffen würde. Auf diese Bekanntmachung eilte Herakles nach Öchalia und trat unter der Schar der Bewerber auf. Er bewies in diesem Wettkampfe, daß er kein unwürdiger Schüler des alten Eurytos gewesen; denn er besiegte ihn und seine Söhne. Der König hielt seinen Gast in allen Ehren; im Herz aber erschrak er gewaltig über dessen Sieg, denn er mußte an das Schicksal der Megara denken und fürchtete für seine Tochter ein gleiches Los. Er erklärte daher auf die Anfrage des Helden, sich wegen der Heirat noch längere Zeit bedenken zu wollen. Inzwischen war der älteste Sohn des Eurytos, Iphitos, ein Altersgenosse des Herakles, der eine neidlose Freude über die Stärke und Heldenherrlichkeit seines Gastes empfand, sein inniger Freund geworden und wandte alle Künste der Überredung an, um seinen Vater dem edlen Fremdling geneigter zu machen. Eurystos aber beharrte auf seiner Weigerung. Gekränkt verließ Herakles das Königshaus und irrte lange in der Fremde umher. Was ihm hier bei dem Könige Admet begegnete, soll der nächste Abschnitt erzählen. Mittlerweile kam ein Bote vor den König Eurytos und meldete, daß ein Räuber unter die Rinderherde des Königes gefallen sei. Es hatte dies der listige und betrügerische Autolykos verübt, dessen Diebereien weit und breit bekannt waren. Der erbitterte König aber sprach: „Dies hat kein anderer getan als Herakles; solche unedle Rache nimmt er, weil ich ihm, dem Mörder seiner Kinder, die Tochter versagt habe!“ Iphitos verteidigte seinen Freund mit warmen Worten und erbot sich, selbst zu Herakles zu gehen und mit ihm die gestohlenen Rinder aufzusuchen. Dieser nahm den Königssohn gastlich auf und zeigte sich bereitwillig, den Zug mit ihm zu übernehmen. Indessen kehrten sie unverrichteter Dinge zurück, und als sie die Mauern von Tiryns bestiegen hatten, um mit den Blicken die Gegend durchschweifen und die gestohlenen Rinder irgendwo entdecken zu können, siehe, da bemächtigte sich der unselige Wahnsinn auf einmal wieder des Heldengeistes; Herakles, von Heras Zorn getrieben, hielt seinen treuen Freund Iphitos für einen Mitverschworenen des Vaters und stürzte ihn über die hohen Stadtmauern von Tiryns hinab.

Herakles bei Admetos

Zu der Zeit, als der Held, aus dem Hause des Königs von Öchalia mit Unwillen entwichen, in der Irre umherstreifte, hat sich folgendes begeben. Zu Pherai in Thessalien lebte der edle König Admet mit seiner jungen und schönen Gemahlin Alkestis, die ihren Gatten über alles liebte, von blühenden Kindern umringt, von glücklichen Untertanen geliebt. In früherer Zeit, als Apollo, der die Zyklopen getötet hatte, aus dem Olymp entflohen war und sich gezwungen sah, einem Sterblichen dienstbar zu werden, hatte ihn Admet, der Sohn des Pheres, liebreich aufgenommen; ihm hatte er als Sklave die Rinder geweidet. Seitdem stand der König unter dem wirksamen Schutz des später von seinem Vater Zeus wieder zu Gnaden angenommenen Gottes. Als nun die Lebenszeit Admets verstrichen und vom Schicksal ihm der Tod zuerkannt war, da wirkte sein Freund Apollo, dem dies als einem Gott bewußt, bei den Schicksalsgöttinnen aus, daß sie ihm gelobten, Admet solle dem Hades, der ihn bedrohte, entfliehen, wenn ein anderer Mensch für ihn sterben und in das Totenreich hinabsteigen wollte. Apollo verließ daher den Olymp und kam nach Pherai zu seinem alten Gastfreund, ihm und den Seinigen die Botschaft von dem Tode, den das Geschick über ihn beschlossen, zu überbringen, zugleich aber ihm das Mittel anzugeben, wodurch er seinem Schicksal zu entrinnen vermöge. Admet war ein redlicher Mann, aber er liebte das Leben; und auch alle die Seinigen samt seinen Untertanen erschraken, daß dem Hause die Stütze, der Gattin und den Kindern Gatte und Vater, dem Volk ein milder Herrscher geraubt werden sollte. Deswegen ging Admet umher und forschte, wo er einen Freund fände, der für ihn sterben wollte. Aber da war nicht einer, der dazu Lust gehabt hätte, und sosehr sie vorher den Verlust, der ihnen bevorstände, bejammert hatten, so kalt wurde ihr Sinn, als sie hörten, unter welcher Bedingung ihm das Leben erhalten werden könnte. Selbst der greise Vater des Königes, Pheres, und die gleichfalls hochbetagte Mutter, die den Tod jede Stunde vor sich sahen, wollten das wenige Leben, das sie noch zu hoffen hatten, nicht für den Sohn dahingeben. Nur Alkestis, seine blühende, lebensvolle Gattin, die glückliche Mutter hoffnungsvoll heranblühender Kinder, war von so reiner und aufopfernder Liebe zu dem Gemahl beseelt, daß sie sich bereit erklärte, dem Sonnenlichte für ihn zu entsagen. Kaum war diese Erklärung aus ihrem Munde gegangen, als auch schon der schwarze Priester der Toten, Thanatos (der Tod), den Toren des Palastes nahte, sein Opfer ins Schattenreich hinabzuführen. Denn er wußte Tag und Stunde genau, an welchem Admet vom Schicksal bestimmt gewesen war, zu sterben. Als Apollo den Tod herankommen sah, verließ er schnell den Königspalast, um, der Gott des Lebens, von seiner Nähe nicht entheiligt zu werden. Die fromme Alkestis aber, als sie den entscheidenden Tag sich nahen sah, reinigte sich, als Opfer des Todes, in fließendem Wasser, nahm festliches Gewand und Geschmeide aus dem Schranke von Zedernholz, und nachdem sie so sich ganz würdevoll geschmückt, betete sie vor ihrem Hausaltare zur Göttin der Unterwelt. Dann umschlang sie Kinder und Gemahl und trat endlich, von Tag zu Tag mehr abgezehrt, zur bestimmten Stunde von ihren Dienerinnen umringt, an der Seite ihres Gatten und ihrer Kinder, in das Gemach, wo sie den Boten der Unterwelt empfangen wollte. Hier schickte sie sich zum feierlichen Abschiede von den Ihrigen an. „Laß mich zu dir reden, was mein Herz begehrt“, sprach sie zu ihrem Gemah-

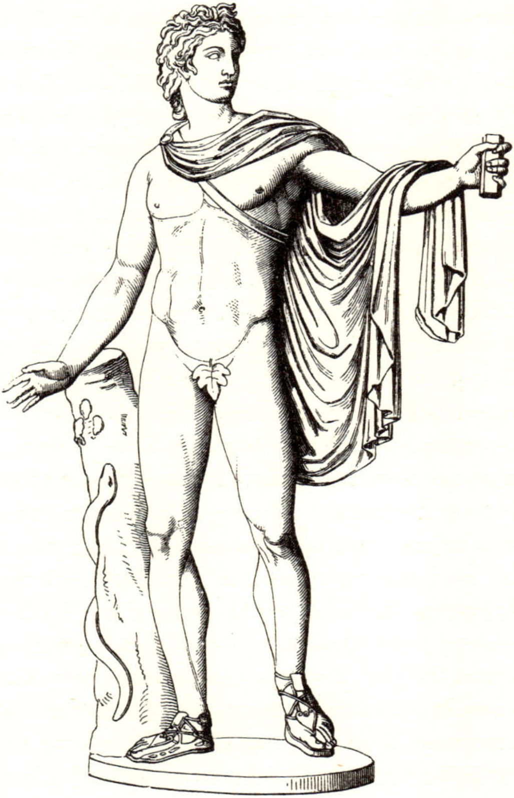

Apollon

le. „Weil dein Leben mir teurer ist als das meinige, sterbe ich für dich jetzt, wo mir das Sterben noch nicht drohte, wo ich, einen edlen Thessalier zum zweiten Gemahle wählend, im beglückten Fürstenhause hätte wohnen können. Aber ich wollte nicht leben, deiner beraubt, die verwaisten Kinder anschauend. Dein Vater und deine Mutter haben dich verraten, da doch ihnen Sterben rühmlicher gewesen wäre; denn dann wärest du nicht einsam geworden und hättest keine Waisen aufzuziehen gehabt. Doch da es die Götter einmal so gefügt haben, so bitte ich dich nur, meiner Wohltat eingedenk zu sein und den Kleinen, welche du nicht weniger liebest als ich, die ich sie verlassen muß, kein anderes Weib als Mutter zuzuführen, das, von Neid gequält, sie selber plagen könnte." Unter Tränen schwur ihr der Gemahl, daß, wie sie im Leben die Seine gewesen, so auch im Tode nur sie ihm Gattin heißen solle. Dann übergab ihm Alkestis die wehklagenden Kinder und sank ohnmächtig nieder.

Unter den Vorbereitungen zur Bestattung geschah es nun, daß der umherirrende Herakles nach Pherai und vor die Tore des Königspalastes kam. Eingelassen, geriet er in eine Unterredung mit den Dienern des Hauses, und zufällig kam Admet selbst dazu. Dieser nahm seinen Gast, den eigenen Kummer unterdrückend, mit großer Herzlichkeit auf, und als Herakles, durch den Anblick seiner Trauerkleider betroffen, ihn um seinen Verlust befragte, erwiderte er, um den Gast nicht zu betrüben oder gar zu verscheuchen, auf eine so verdeckte Weise, daß Herakles der Meinung war, es sei eine ferne Anverwandte des Admet, die zu Besuche bei dem Könige war, gestorben. Er blieb daher fröhlichen Sinnes, ließ sich von einem Sklaven in das Gastgemach geleiten und hier Wein vorsetzen. Als ihm die Traurigkeit des Dieners auffiel, schalt er diesen um sein übermäßiges Leid. „Was siehst du mich so ernst und feierlich an?“ sprach er. „Ein Diener muß gefällig gegen Fremdlinge sein! Was ist’s auch, wenn eine Fremde in eurem Hause gestorben ist, weißt du denn nicht, daß dies das allgemeine Los der Menschen ist? Den Trübseligen ist das Leben eine Qual; geh, bekränze dich, wie du mich siehst, und trinke mit mir! Ich weiß genau, ein überwallender Becher wird bald alle Runzeln deiner Stirne vertreiben.“ Aber der Diener wandte sich mit Grauen ab. „Uns traf ein Geschick“, sprach er, „dem nicht Lachen und Schmausen ziemt. Fürwahr, der Sohn des Pheres ist nur allzu gastfreundlich, daß er in so tiefer Trauer einen so leichtsinnigen Gast aufgenommen hat.“ „Soll ich nicht fröhlich sein“, erwiderte Herakles verdrießlich, „weil eine fremde Frau gestorben ist?“ „Eine fremde Frau!“ rief der Diener verwundert. „Dir mochte sie fremd sein, uns war sie es nicht!“ „So hat mir Admet seinen Unfall nicht recht berichtet“, sagte Herakles stutzend. Aber der Sklave sprach: „Nun sei du immerhin fröhlich; der Gebieter Weh geht ja nur ihre Freunde und Diener an!“ Aber Herakles hatte keine Ruhe mehr, bis er die Wahrheit erfahren hatte. „Ist’s möglich“, rief er, „eines so herrlichen Weibes ward er beraubt, und dennoch hat er den Fremdling so gastlich aufgenommen? Trat ich doch mit geheimem Widerwillen zum Tore herein, und nun habe ich hier im Trauerhause das Haupt mit Kränzen geschmückt, gejubelt und getrunken! Aber sage mir, wo liegt das fromme Weib bestattet?“ „Wenn du den geraden Weg gehst, der nach Larissa führt“, antwortete der Sklave, „so siehst du das schmucke Totenmal, das ihr schon aufgerichtet ist.“ Mit diesen Worten verließ der Diener weinend den Fremdling.

Allein gelassen, brach Herakles in keine Klagen aus, sondern der Held hatte schnell einen Entschluß gefaßt. ‚Retten muß ich', sprach er zu sich selbst, ‚diese Gestorbene, sie wieder einführen in das Haus des Gatten; anders kann ich seine Gunst nicht würdig vergelten. Ich gehe an das Grabmal, dort harre ich des Thanatos, des Totenbeherrschers. Ich finde ihn wohl, wie er kommt, das Opferblut zu trinken, das ihm über dem Denkmal der Verstorbenen gespendet wird. Dann springe ich aus dem Hinterhalte hervor, ergreife ihn schnell, umschlinge ihn mit den Händen, und keine Macht auf Erden soll ihn mir entreißen, ehe er mir seine Beute überläßt!' Mit diesem Vorsatze verließ er in aller Stille den Palast des Königs.

Admet war in sein verödetes Haus zurückgekehrt und trauerte mit seinen verlassenen Kindern in schmerzlicher Sehnsucht nach der geopferten Gattin, und kein Trost getreuer Diener vermochte seinen Kummer zu lindern. Da betrat sein Gastfreund Herakles die Schwelle wieder, ein verschleiertes Weib an der Hand führend. „Du hast nicht wohl daran getan, o König, mir den Tod deiner Gattin zu verhehlen; du nahmst mich in dein Haus auf, als ob nur fremdes Leiden dich bekümmerte; so habe ich unwissend groß Unrecht getan und im Unglückshause fröhliches Trankopfer ausgegossen. Doch will ich dich in deinem Ungemache nicht noch weiter betrüben. Höre jedoch, warum ich noch einmal gekommen bin. Diese Jungfrau hier habe ich als Siegeslohn bei einem Kampfspiele empfangen. Nun gehe ich hin, neue Kämpfe zu bestehen. Bis ich dies vollbracht habe, übergebe ich dir die Jungfrau als Dienerin, sorge du für sie als das Eigentum eines Freundes."

Admet erschrak, als er den Herakles so sprechen hörte. „Nicht, weil ich den Freund verachtet oder verkauft hätte", erwiderte er, „habe ich dir meiner Gattin Tod verborgen, sondern um mir nicht noch mehr Leiden dadurch zu bereiten, daß ich dich in eines anderen Freundes Haus davonziehen ließe. Dieses Weib aber, Herr, bitte ich dich, einem andern Bewohner von Pherai zuzuführen, nicht mir, der ich soviel gelitten habe. Hast du ja doch genug Gastfreunde in dieser Stadt. Wie könnte ich ohne Tränen diese Jungfrau in meinem Hause erblicken? Den Männeraufenthalt könnte ich ihr nicht zur Wohnung geben, und sollte ich ihr die Gemächer der verstorbenen Gattin einräumen? Das sei ferne! Ich fürchte die üble Nachrede der Pheraier, ich fürchte auch den Tadel der Entschlafenen!" So sprach abwehrend der König; aber ein wunderbares Sehnen zog seine Blicke doch wieder auf die tief verschleierte Gestalt. „Wer du auch seiest, o Weib", sagte er seufzend, „wisse, daß du an Größe und Gestalt wundersam meiner Alkestis gleichest. Bei den Göttern beschwöre ich dich, Herakles, führe mir diese Frau aus den Augen und quäle den Gequälten nicht noch mehr; denn wenn ich sie erblicke, wähne ich mein verstorbenes Gemahl zu sehen, ein Strom von Tränen bricht aus meinen Augen, und aufs neue versinke ich in Kümmernis." Herakles unterdrückte sein wahres Gefühl und antwortete betrübt: „O wäre mir von Zeus die Macht verliehen, dir dein heldenmütiges Weib aus dem Schattenreich ans Licht zurückzuführen und dir für deine Güte solche Gunst zu erweisen!" „Ich weiß, du tätest es", erwiderte Admet; „wann aber kehrte je ein Toter aus dem Schattenreiche zurück?" „Nun", fuhr Herakles lebhafter fort, „weil dies nicht geschehen kann, so gestatte der Zeit, deinen Kummer zu lindern; den Toten geschieht doch kein Gefallen mit der Trauer. Verbanne auch den Gedanken nicht ganz, daß eine zweite Gattin dir einst noch das Leben erheitern kann. Endlich, mir zuliebe nimm das edle Mädchen, das ich dir hier bringe, in dein Haus auf. Versuch es wenigstens; sobald es dir nicht frommen sollte, soll sie dein Haus wieder verlassen!" Admet sah sich von dem Gaste, den er nicht beleidigen wollte, bedrängt; er befahl jedoch nur ungerne, daß die Diener das Weib in die innern Gemächer geleiten sollten. Aber Herakles gab dieses nicht zu. „Vertraue", sprach er, „mein Kleinod keinen Sklavenhänden, o Fürst! Du selbst, wenn es dir gefällt, sollst sie hineinführen!" „Nein", sprach Admet, „ich berühre sie nicht; ich würde schon so das Wort, das ich der geliebten Toten gegeben habe, zu verletzen glauben. Eingehen möge sie, aber ohne mich!" Doch Herakles ruhte nicht, bis er die Hand der Verschleierten ergriffen hatte. „Nun dann", sagte Herakles freudig, „so bewahre sie; blicke die Jungfrau auch recht an, ob sie wirklich deinem Ehegemahl gleicht, und ende deinen Gram!"

Damit enthüllte er die Verschleierte und gab dem in Staunen zweifelnden König seine wiederbelebte Gemahlin zu schauen. Während Admet, wie leblos, die Lebende an der Hand hielt und sich mit Furcht und Zittern an ihrem Anblick weidete, erzählte ihm der Halbgott, wie er den Thanatos am Grabeshügel ergriffen und seine Beute ihm abgerungen habe. Da sank der König in die Arme seines Weibes. Aber diese blieb sprachlos und durfte seinen zärtlichen Ausruf nicht erwidern. „Du wirst", belehrte ihn Herakles, „ihre Stimme nicht wieder vernehmen, als bis die Totenweihe von ihr genommen und der dritte Tag erschienen ist. Doch führe sie getrost hinein in dein Gemach und erfreue dich ihres Besitzes. Er ist dir zuteil geworden, weil du an Fremdlingen so edle Gastfreundschaft geübt hast! Mich aber laß meinem Geschikke nachziehen!" „So zeuch in Frieden, Held!" rief Admet dem Scheidenden nach. „Du hast mich in ein besseres Leben zurückgeführt; glaube mir, daß ich meine Seligkeit dankbar erkenne! Alle Bürger meines Königreichs sollen mir Chortänze aufführen helfen, und Opferduft entsteige den Altären! Dabei wollen wir dein, o du mächtiger Zeussohn, in Dank und Liebe gedenken."

Herakles im Dienste der Omphale

Der Mord des Iphitos, obgleich im Wahnsinne verübt, lag schwer auf Herakles. Er wanderte von einem Priesterkönige zum anderen, um sich reinigen zu lassen; erst zum Könige Neleus von Pylos, dann zu Hippokoon, König von Sparta; aber beide weigerten sich dessen, der dritte endlich, Deiphobos, ein König zu Amyklan, übernahm es, ihn zu entsühnen. Nichtsdestoweniger schlugen ihn die Götter zur Strafe der Untat mit einer schweren Krankheit. Der Held, sonst von Kraft und Gesundheit strotzend, konnte das plötzliche Siechtum nicht ertragen. Er wandte sich nach Delphi und hoffte bei dem pythischen Orakel Genesung zu finden. Aber die Priesterin verweigerte ihm, als einem Mörder, ihren Spruch. Da raubte er im Heldenzorn den Dreifuß, trug ihn hinaus aufs Feld und errichtete ein eigenes Orakel. Erbost über diesen kühnen Eingriff in seine Rechte, erschien Apoll und forderte den Halbgott zum Kampfe heraus. Aber Zeus wollte auch diesmal kein Bruderblut fließen sehen; er schlichtete den Kampf, indem er einen Donnerkeil zwischen die Streitenden warf. Jetzt erhielt endlich Herakles einen Orakelspruch, welchem zufolge er von seinem Übel befreit werden sollte, wenn er zu dreijährigem Knechtsdienste verkauft würde, das Handgeld aber als Sühne dem Vater gäbe, dem er den Sohn erschlagen. Herakles, von Krankheit überwältigt, fügte sich in diesen harten Spruch. Er schiffte sich mit einigen Freunden nach Asien ein und wurde dort von einem derselben mit seiner Einwilligung als Sklave verkauft an Omphale, die Tochter des Iardanos, die Königin des damaligen Mäoniens, was später Lydien hieß. Den Kaufpreis brachte der Verkäufer, dem Orakel gemäß, dem Eurytos, und als dieser das Geld zurückwies, übergab er es den Kindern des erschlagenen Iphitos. Jetzt wurde Herakles wieder gesund. Im Vollgefühle der wiedergewonnenen Körperkraft zeigte er sich anfangs auch als Sklave der Omphale noch als Held und fuhr fort, in seinem Berufe als ein Wohltäter der Menschheit zu wirken. Er züchtigte alle Räuber, welche das Gebiet seiner Herrin und der Nachbarn beunruhigten. Die Kerkopen, die in der Gegend von Ephesus hausten und durch Plünderung viel Schaden anrichteten, wurden von ihm teils erschlagen, teils gebunden der Omphale überliefert. Den König Syleus in Auhs, einen Sohn des Poseidon, der die Reisenden auffing und sie zwang, ihm die Weinberge zu hacken, erschlug er mit dem Spaten und grub seine Weinstöcke mit den Wurzeln aus. Den Itonen, die wiederholt ins Land der Omphale einfielen, zerstörte er ihre Stadt von Grund aus und machte sämtliche Einwohner zu Sklaven. In Lydien trieb damals Latyerses, ein unechter Sohn des Midas, sein Wesen. Er war ein reichbegüterter Mann und lud alle Fremden, die bei seinem Sitze vorüberreisten, höflich zu Gaste. Nach dem Mahle zwang er sie, mit ihm in seine Ernte zu gehen, und des Abends schlug er ihnen die Köpfe ab. Auch diesen Tyrannen brachte Herakles um und warf ihn in den Fluß Mäander. Einmal fuhr er auf einem dieser Züge die Insel Doliche an und sah hier einen Leichnam, von den Wellen herangespült, am Gestade liegen. Es war die Leiche des unglücklichen Ikarus, der mit den wachsgefügten Flügeln seines Vaters auf der Flucht aus dem Labyrinth zu Kreta der Sonne zu nahe gekommen und in das Meer gefallen war. Mitleidig begrub Herakles den Verunglückten und gab der Insel, ihm zu Ehren, den Namen Ikaria. Für diesen Dienst errichtete der Vater des Ikarus, der kunstreiche Dädalos, das wohlgetroffene Bildnis des Herakles zu Pisa. Der Held selbst aber, als er einst dorthin kam, hielt das Bild, von der Dunkelheit der Nacht getäuscht, für belebt. Seine eigene Heldengebärde erschien ihm als das Drohen eines Feindes, er griff zu einem Steine und zerschmetterte so das schöne Denkmal, das seiner Barmherzigkeit vom Freunde gesetzt worden war. In die Zeit seiner Knechtschaft bei Omphale fiel auch die Teilnahme des Helden an der Jagd des Kalydonischen Ebers.

Omphale bewunderte die Tapferkeit ihres Knechts und mochte wohl ahnen, daß ein herrlicher, weltberühmter Held ihr Sklave sei. Nachdem sie erfahren, daß er Herakles, der große Sohn des Zeus sei, gab sie ihm nicht nur in Anerkenntnis seiner Verdienste die Freiheit wieder, sondern sie vermählte sich auch mit ihm. Aber Herakles vergaß hier im üppigen Leben des Morgenlandes der Lehren, die ihm die Tugend am Scheidewege seines Jugendlebens gegeben; er versank in weibische Wollust. Dadurch geriet er bei seiner Gemahlin Omphale selbst in Verachtung; sie kleidete sich in die Löwenhaut des Helden, ihm selbst aber ließ sie weichliche lydische Weiberkleider anlegen und brachte ihn in seiner blinden Liebe so weit, daß er, zu ihren Füßen sitzend, Wolle spann. Der Nacken, dem einst bei Atlas der Himmel eine leichte Last gewesen war, trug jetzt ein goldenes Weiberhalsband; die nervigen Heldenarme umspannten Armbänder, mit Juwelen besetzt; sein Haar quoll ungeschoren unter einer Mitra hervor; langes Frauengewand wallte über die Heldenglieder herab. So saß er, den Wocken vor sich, unter den ionischen Mägden, spann mit seinen knochigen Fingern den dicken Faden ab und fürchtete das Schelten seiner Herrin, wenn er sein Tagewerk nicht vollständig geliefert. War sie aber guter Laune, so mußte der Mann in Weibertracht ihr und ihren Frauen die Taten seiner Heldenjugend erzählen; wie er die Schlangen mit der Knabenhand erdrückt, wie den Riesen Geryones als Jüngling erlegt, wie er Hyder den unsterblichen Kopf abgeschlagen, wie den Höllenhund aus dem Rachen des Hades heraufgezogen. An diesen Taten ergötzten sich dann die Weiber, wie man an Ammenmärchen Freude hat.

Endlich, als seine Dienstjahre bei Omphale vorüber waren, erwachte Herakles aus seiner Verblendung. Mit Abscheu schüttelte er die Weiberkleider ab, und es kostete ihn nur das Wollen eines Augenblicks, so war er wieder der krafterfüllte Zeussohn, voll von Heldenentschlüssen. Der Freiheit zurückgegeben, beschloß er zuallererst an seinen Feinden Rache zu nehmen.

Die späteren Heldentaten des Herakles

Vor allen Dingen machte er sich auf den Weg, den gewalttätigen und eigenmächtigen König Laomedon, den Erbauer und Beherrscher Trojas, zu züchtigen. Denn als Herakles, von dem Amazonenkampfe zurückkehrend, die von dem Drachen bedrohte Tochter dieses Fürsten, Hesione, befreit hatte, hielt ihm der wortbrüchige Laomedon den versprochenen Lohn, die schnellen Zeuspferde, zurück und hieß ihn scheltend weiterziehen. Jetzt nahm Herakles nicht mehr als sechs Schiffe und nur eine geringe Menge Kriegsvolkes mit sich. Aber unter diesen waren die ersten Helden Griechenlands, Peleus, Oikleus, Telamon. Zu dem letzteren war Herakles in seine Löwenhaut gekleidet gekommen und hatte ihn eben beim Schmause getroffen. Telamon erhob sich vom Tische und reichte dem willkommenen Gast eine goldene Schale voll Weines, hieß ihn sitzen und trinken. Freudig bewegt von solcher Gastfreundschaft, hob Herakles die Hände gen Himmel und betete: „Vater Zeus, wenn du je meine Bitten gnädig erhöret hast, so flehe ich jetzt zu dir, daß du dem kinderlosen Telamon hier einen kühnen Sohn zum Erben verleihen mögest, so unverwundbar, wie ich es in dieser Haut des Nemeischen Löwen bin. Hoher Mut soll ihm immer zur Seite sein!“ Kaum hatte Herakles das Wort geredet, so sandte ihm der Gott den König der Vögel, einen mächtigen Adler. Dem Herakles lachte darüber das Herz im Leibe; wie ein Wahrsager rief er begeistert aus: „Ja, Telamon, du wirst den Sohn haben, den du begehrst; herrlich wird er werden wie dieser gebieterische Adler, und Ajax soll sein Name sein, weithin gewaltig im Werk des Kriegsgotts.“ So sprach er und setzte sich wieder nieder zum Schmause; dann zogen sie, Telamon und Herakles, vereint mit den anderen Helden, in den Krieg gegen Troja. Als sie dort ans Land gestiegen, übertrug Herakles die Wache bei den Schiffen dem Oikleus; er selbst mit den übrigen Helden rückte gegen die Stadt vor. Inzwischen hatte Laomedon mit eilig zusammengerafftem Volke die Schiffe der Heroen überfallen und den Oikleus im Kampf getötet; aber als er sich wieder entfernen wollte, wurde er von den Gefährten des Herakles umringt. Die Belagerung wurde unterdessen scharf betrieben; Telamon durchbrach die Mauer und war der erste, der in die Stadt eindrang. Erst hinter ihm kam Herakles. Es war das erstemal in seinem Leben, daß der Held sich in Tapferkeit von einem anderen übertroffen sah; die schwarze Eifersucht bemächtigte sich seines Geistes, und ein böser Gedanke stieg in seinem Herzen auf; er zückte das Schwert und war im Begriff, den vor ihm herschreitenden Telamon niederzuhauen. Dieser blickte sich um und erriet das Vorhaben des Herakles an seiner Gebärde. Schnell besonnen, las er die nächstgelegenen Steine zusammen, und auf des Nebenbuhlers Frage, was er hier mache, erwiderte er: „Ich baue Herakles, dem Sieger, einen Altar!“ Diese Antwort entwaffnete den eifersüchtigen Zorn des Helden. Sie kämpften wieder gemeinsam, und Herakles erlegte den Laomedon samt allen seinen Söhnen, nur einen ausgenommen, mit seinen Pfeilen. Als die Stadt erobert war, schenkte er Laomedons Tochter Hesione seinem Freunde Telamon als Siegesbeute. Zugleich gab er ihr die Erlaubnis, nach eigener Wahl einen der Gefangenen in Freiheit zu setzen. Sie wählte ihren Bruder Podarkes. „Es ist recht, es sei denn“, sagte Herakles, „aber er muß vorher die Schmach erlitten haben und Knecht gewesen sein; dann magst du ihn um den Preis, den du für ihn geben willst, hinnehmen!“ Als der Knabe nun wirklich zum Sklaven verkauft war, riß Hesione ihren königlichen Schmuck vom Haupte und gab ihn als Lösegeld für den Bruder hin; daher trug dieser den Namen Priamos (der Losgekaufte) davon. Von ihm wird die Sage vieles zu erzählen haben.

Hera gönnte dem Halbgott diesen Triumph nicht. Auf der Heimfahrt von Troja wurde er durch ihre Schickung von schweren Ungewittern überfallen, bis der ergrimmte Zeus ihrem Schalten Einhalt tat. Nach mancherlei Abenteuern beschloß der Held eine zweite Rache am König Augias zu nehmen, der ihm auch einst den versprochenen Lohn vorenthalten hatte; er bewältigte seine Stadt Elis und tötete ihn mitsamt seinen Söhnen. Dem Phyleus aber, der wegen seiner Freundschaft für Herakles vertrieben worden war, übergab er das Königreich Elis. Nach diesem Siege setzte Herakles die Olympischen Spiele ein und weihte ihrem ersten Stifter, Pelops, einen Altar, auch den zwölf Göttern Altäre, je zweien einen. Damals soll selbst Zeus in Menschengestalt mit Herakles gerungen und, überwunden, seinem Sohn zur Götterstärke Glück gewünscht haben. Dann zog Herakles gegen Pylos und den König Neleus, der ihm einst die Entsündigung verweigert hatte; er überfiel seine Stadt und machte ihn mit zehn seiner Söhne nieder. Nur der junge Nestor, der in der Ferne bei den Gereniern erzogen wurde, blieb verschont. In dieser Schlacht verwundete Herakles selbst den Gott der Unterwelt, den Hades, der den Pyliern zu Hilfe gekommen war.

Noch war Hippokoon von Sparta übrig zu bestrafen, der zweite König, der sich nach der Ermordung des Iphitos der Reinigung des Mörders entzogen hatte. Auch die Söhne dieses Königes hatten den Haß des Helden aufs neue sich zugezogen. Als er nämlich mit Öonos, seinem Oheim und Freund, nach Sparta gekommen war, fiel diesen, der den Palast des Hippokoon betrachtete, ein großer molossischer Schäferhund an. Öonos begrüßte ihn mit einem Steinwurfe. Da rannten die Söhne des Königs hervor und erschlugen den Fremdling mit Knüppeln. Um nun auch seines Freundes Tod zu rächen, versammelte Herakles ein Heer gegen Sparta, auf dem Marsche durch Arkadien lud er auch den König Kepheus mit seinen zwanzig Söhnen zum Kampfe ein. Dieser fürchtete jedoch einen Einfall von seinen Nachbarn, den Argivern, und lehnte es anfangs ab, mitzuziehen. Aber Herakles hatte von Athene in einer ehernen Urne eine Locke des Medusenhauptes erhalten. Diese übergab er der Tochter des Kepheus, Sterope, und sprach: „Wenn das Heer der Argiver anrückt, so darfst du nur diese Locke, ohne auf sie hinzublikken, dreimal über die Stadtmauern emporhalten; dann werden eure Feinde die Flucht ergreifen!" Als Kepheus solches hörte, ließ er sich bewegen, mit allen seinen Söhnen auszuziehen. Die Argiver wurden auch glücklich von seiner Tochter abgetrieben; ihm selbst aber schlug der Feldzug zum Unheil aus; er wurde mit allen seinen Söhnen erschlagen und außer diesen auch der Bruder des Herakles, Iphikles. Herakles selbst aber eroberte Sparta, und nachdem er den Hippokoon und seine Söhne getötet, führte er den Tyndareos, den Vater der Dioskuren Kastor und Pollux, zurück und setzte ihn wieder auf den Thron, behielt sich aber das eroberte Reich, das er ihm übergab, für seine Nachkommen vor.

Herakles und Deianira

Nachdem der Heros noch mancherlei Taten im Peloponnes verrichtet, kam er nach Ätolien und Kalydon zum Könige Öneus, der eine wunderschöne Tochter, Deianira mit Namen, hatte. Diese erlitt mehr als irgendein anderes Ätolerweib bittere Not durch eine sehr lästige Brautbewerbung. Sie lebte anfangs zu Pleuron, einer anderen Hauptstadt ihres väterlichen Reichs. Dort hatte sich ein Fluß, Acheloos genannt, als Freier eingefunden, und in drei Gestalten verwandelt, erbat er sie von ihrem Vater. Das eine Mal kam er in einen leibhaftigen Stier verzaubert, das andre Mal als schillernder, gewundener Drache, endlich zwar in Menschengestalt, aber mit einem Stierhaupte, dem vom zottigen Kinne hernieder frische Quellbäche strömten. Deianira konnte einem so entsetzlichen Freier nicht ohne Bekümmernis entgegensehen; sie flehte zu den Göttern inbrünstig um ihren Tod. Lange hatte sie dem Bewerber widerstrebt, aber dieser wurde immer dringender, und ihr Vater zeigte sich nicht abgeneigt, sie dem Stromgotte von uraltem Götteradel zu überlassen. Da erschien, wenn auch spät, doch immer noch zu rechter Zeit, als zweiter Freier Herakles, dem sein Freund Meleager von der hohen Schönheit dieser Königstochter erzählt hatte. Er kam mit der Vorahnung, daß er die liebliche Jungfrau nicht ohne heißen Kampf gewinnen würde; daher war er streitbar ausgerüstet, wie wenn er sonst in Fehden zog. Während er auf den Palast zuwandelte, flatterte ihm die Löwenhaut im Winde vom Rücken, sein Köcher hallte von Wurfpfeilen, und er schwang in der Luft prüfend die Keule. Als der gehörnte Stromgott ihn kommen sah, quollen die Adern seines Stierhauptes auf, und er versuchte sein Horn im Stoße. Der König Öneus, wie er beide so kampflustig und furchtbar mit ihrer Werbung vor sich stehen sah, wollte keinen der mächtigen Liebhaber duch eine abschlägige Antwort beleidigen und versprach, seine Tochter demjenigen zum Weibe zu geben, der den andern im Kampfe überwinden würde.

Bald begann auch vor den Augen des Königs, der Königin und ihrer Tochter Deianira der wütende Zweikampf. Von der Faust des Herakles, von seinem Bogen klang es, aber mitten durch Streich und Schuß fuhr, lange unverwundet, das gewaltige Stierhaupt des Stromgottes und suchte den Gegner mit den tödlichen Stößen seiner Hörner auf. Endlich wurde das Gefecht zum Ringkampfe, Arm verschlang sich mit Arm, Fuß mit Fuß, der Schweiß strömte den Ringern von Haupt und Gliedern, beide stöhnten laut unter übermenschlicher Anstrengung. Zuletzt bekam der Sohn des Zeus die Oberhand und warf den starken Flußgott zu Boden. Dieser verwandelte sich sofort in eine Schlange; aber Herakles, der mit Schlangen längst zu hantieren verstand, faßte sie und hätte sie erdrückt, wenn nicht Acheloos plötzlich, zu einer anderen Verwandlung schreitend, die Gestalt eines Stieres angenommen hätte. Doch Herakles ließ sich nicht irremachen, er ergiff das Untier an einem Horne und stürzte es mit solcher Macht zur Erde, daß das ergriffene Horn abbrach. Nun erkannte sich der Stromgott für überwunden und überließ dem Sieger die Braut. Acheloos, der vorzeiten von der Nymphe Amaltheia das Horn des Überflusses, mit Obst aller Art, Granatäpfeln und Trauben angefüllt, erhalten hatte, tauschte gegen dieses Horn das eigene, das ihm Herakles abgebrochen hatte, wieder ein.

Die Vermählung des Helden brachte in seiner Lebensweise keine Veränderung hervor; er eilte, wie zuvor, von Abenteuer zu Abenteuer, und als er wieder bei seiner Gattin und ihrem Vater zu Hause war, nötigte ihn der unvorsätzliche Totschlag eines Knaben, der ihm bei der Mahlzeit das Wasser zum Händewaschen reichen sollte, abermals zur Flucht, auf welcher ihn seine junge Gemahlin und sein kleiner Sohn Hyllos, den sie ihm geboren hatte, begleiteten.

Herakles und Nessos

Die Reise ging von Kalydon nach Trachis, zu dem Freunde des Helden, Keyx. Es war die verhängnisvollste, die Herakles je unternommen hatte. Als er nämlich am Flusse Euenos angelangt war, fand er dort den Zentauren Nessos, der für Lohn die Reisenden auf seinen Händen über den Fluß zu setzen pflegte und dieses Vorrecht von den Göttern seiner

Ehrlichkeit wegen erhalten zu haben behauptete. Herakles selbst bedurfte nun freilich seiner nicht; er durchschritt den Fluß mit mächtigen Schritten, ohne fremde Beihilfe. Deianira aber überließ er zum Hinüberschaffen dem Nessos, der ihn um den gewohnten Lohn ansprach; der Zentaur nahm die Gemahlin des Herakles auf die Schulter und trug sie rüstig durch das Wasser. Mitten in der Furt aber, durch die Schönheit des Weibes betört, wagte er es, sie mit schnöder Hand anzurühren. Herakles, der am Ufer war, hörte den Hilferuf seiner Frau und wendete sich schnell um. Als er sie in der Gewalt des rauhbehaarten Halbmenschens sah, besann er sich nicht lange, holte aus seinem Köcher einen beflügelten Pfeil hervor und schoß den Nessos, der mit seiner Beute eben ans Ufer emporstieg, durch den Rücken, so daß das Geschoß zur Brust wieder herausging. Deianira hatte sich den Armen des zu Boden Sinkenden entwunden und wollte ihrem Gatten zueilen, als der Sterbende, der noch im Tode auf Rache sann, sie zurückrief und die trügerischen Worte sprach: „Höre mich, Tochter des Öneus! Weil du die letzte bist, die ich getragen habe, so sollst du auch noch einen Vorteil von meinem Dienste haben, wenn du mir folgen willst! Fasse das frische Blut auf, das mir aus der Todeswunde quoll und das jetzt da, wo der Pfeil, vom Geifer der lernäischen Schlange vergiftet, mir im Leibe steckt, ganz verdickt und leicht zu sammeln ringsum steht; es wird dir zu einem Zauber für das Gemüt deines Gatten dienen. Färbst du damit sein Unterkleid, so wird er niemals ein anderes Weib, das ihm je vorkommt, mehr lieben denn dich!" Nachdem er Deianira dieses tückische Vermächtnis hinterlassen, verschied er augenblicklich an der vergifteten Wunde. Deianira, obgleich sie an der Liebe ihres Gatten nicht zweifelte, tat doch nach seiner Vorschrift, sammelte das verdickte Blut in ein Gefäß, das sie bei der

Hand hatte, und bewahrte es ohne Wissen des Herakles auf, der zu ferne stand, um zu sehen, was sie tat. Sie kamen darauf nach einigen andern Abenteuern miteinander glücklich zu Keyx, dem Könige von Trachis, und ließen sich mit ihren Begleitern aus Arkadien, die dem Herakles überall hin folgten, dort häuslich nieder.

Herakles, Iole und Deianira
Sein Ende

Die letzte Fehde, die Herakles bestand, war sein Feldzug gegen Eurytos, den König von Öchalia, gegen welchen er einen alten Groll hegte, weil derselbe ihm seine Tochter Iole verweigert hatte. Er sammelte ein großes Heer von Griechen und zog nach Euböa, den Eurytos und seine Söhne in ihrer Stadt Öchala zu belagern. Der Sieg folgte ihm: Die hohe Burg wurde in den Staub geworfen, der König mit seinen drei Söhnen erschlagen, die Stadt vertilgt. Iole, noch immer jung und schön, wurde die Gefangene des Herakles.

Derweilen hatte Deianira in Sorgen zu Hause auf Nachricht von ihrem Gatten geharrt. Endlich jauchzte im Palaste Freudengeschrei empor. Ein Bote kam herangesprengt: „Dein Gemahl, o Fürstin, lebt“ – so meldete er der ängstlich auf seine Botschaft Horchenden –, „naht in Siegesruhm und führt jetzt eben die Erstlinge des Kampfes den heimatlichen Göttern zu. Sein Diener Lichas, den er hinter mir her gesendet hat, verkündet auf offener Wiese dem Volke den Sieg. Seine eigene Ankunft verzögert sich nur dadurch, daß er auf Euböas Vorgebirge Kenaion dem Zeus das schuldige Dankopfer darzubringen sich anschickt." Bald erschien der Abgeordnete des Helden, Lichas, und in seinem Geleite die Gefangenen. „Heil dir, Gemahlin meines Herrn", sprach er zu Deianira; „die Himmlischen lieben den Frevel nicht; Herakles' gerechte Sache ist gesegnet worden; die üppigen Prahler mit ihrem verruchten Munde sind alle in den Hades hinabgeeilt, die Stadt ist in Knechtschaft. Doch der Gefangenen, die wir hier bringen, sollst du schonen, läßt dein Gemahl dir sagen, vor allem der unglücklichen Jungfrau, die sich hier vor deine Füße wirft." Deianira heftete einen Blick voll tiefen Mitleids auf das schöne, jugendliche Mädchen, das von Gestalt und Auge lieblich glänzte, erhob sie vom Boden und sprach: „Ja, ihr Lieben, herbes Mitgefühl hat mich gefaßt, sooft ich Unglückselige heimatlos durch fremde Landschaft herumgeschleppt und Freigeborne Sklavenlos dulden sah. Zeus, Überwinder, mögest du nie deinen Arm so gegen mein Haus erheben! Aber wer bist du, jammervolles Mägdlein? Du scheinst unvermählt und von hohem Stamme! Sage mir, Lichas, wer sind die Eltern dieser Jungfrau?" „Wie weiß ich das? Weswegen fragst du dies?" antwortete der Abgesandte mit verstelltem Sinne, und seine Miene verriet ein Geheimnis. „Sie ist", fuhr er nach einigem Zögern fort, „gewiß aus keinem der niedrigsten Häuser Öchalias." Da das arme Mädchen selbst nur seufzte und schwieg, so forschte Deianira auch nicht weiter, sondern befahl, sie in das Haus zu führen und dort auf das schonendste zu behandeln. Während Lichas diesem Befehl Folge leistete, trat der zuerst angekommene Bote seiner Gebieterin näher, und sobald er sich unbelauscht wußte, flüsterte er ihr die Worte zu: „Traue dem Abgesandten deines Gemahls nicht, Deianira. Er verbirgt dir die Wahrheit. Aus seinem eigenen Munde habe ich mitten auf dem Marktplatz von Trachis in vieler Zeugen Gegenwart gehört, daß dein Gatte Herakles ganz allein um dieser Jungfrau willen die hohe Burg Öchahas niedergeworfen hat. Es ist Iole, die Tochter des Eurytos, die du aufgenommen hast, von deren Liebe Herakles entbrannt war, ehe er dich kennengelernt hat. Nicht als deine Sklavin, sondern als deine Nebenbuhlerin, als Nebenweib ist sie in dein Haus gekommen!" Über diese Mitteilung brach Deianira in lautes Wehklagen aus. Doch faßte sie sich bald wieder und rief den Diener ihres Gatten, Lichas, selbst herbei. Dieser schwur anfangs beim höchsten Zeus, daß er ihr die Wahrheit gesagt habe und ihm unbewußt sei, wer die Eltern der Jungfrau wären. Lange beharrte er bei dieser Lüge. Deianira aber beschwor ihn, des höchsten Zeus nicht länger zu spotten. „Wäre es auch möglich, daß ich meinem Gatten seiner Untreue wegen abhold würde", sagte sie zu ihm weinend, „so bin ich nicht so unedler Gesinnung, daß ich dieser Jungfrau zürne, die mir nie einen Schimpf angetan hat. Nur mit Mitleiden schaue ich sie an; denn ihr hat die Schönheit all ihr Lebensglück zertrümmert, ja ihr ganzes Geburtsland in Knechtschaft gestürzt!" Als Lichas sie so menschlich reden hörte, gestand er alles. Hierauf entließ ihn Deianira ohne Vorwurf und befahl ihm, nur so lange zu warten, bis sie für die reiche Schar von Gefangenen, die der Gemahl ihr zugesendet und zur Verfügung gestellt hatte, diesem eine Gegengabe gerüstet hätte.

Fern vom Feuer, unberührt vom Strahle des Lichtes hatte Deianira, der Vorschrift des tückischen Zentauren gemäß, die Salbe, die sie vom giftigen Blute seiner Pfeilwunde gesammelt, am verborgenen Ort bewahrt. Auf dieses Zaubermittel, das sie unerfahren in den Ränken, welche Rache spinnt, für ganz unschädlich hielt und das ihr nur das Herz und die Treue des Gatten wiedergewinnen sollte, dachte nun die bedrängte Fürstin zum ersten Male wieder, seit sie es sorgsam verhüllt im Schranke geborgen. Jetzt galt es zu handeln. Sie schlich sich daher in das Gemach und färbte mit einer Flocke von weißem Lämmervliese, welche sie mit der Salbe getränkt hatte, im verborgenen ein köstliches Unterkleid, das für Herakles bestimmt war. Sorgfältig hütete sie während dieser Arbeit Flocke und Gewand vor dem Sonnenstrahl und schloß das blutrot gefärbte Kleid, schön zusammengefaltet, in ein Kästchen ein. Als dies geschehen war, warf sie die Wolle, die zu nichts mehr dienlich, auf die Erde, ging und überreichte dem herbeigerufenen Lichas das für ihren Gemahl bestimmte Geschenk. „Bring meinem Gemahl", sprach sie, „dieses schöngewobene Leibgewand, meiner eigenen Hände Werk. Kein anderer soll es tragen als er selbst; auch soll er das Kleid nicht dem Feuerherde oder dem Sonnenglanze aussetzen, bevor er es, am feierlichen Opfertage damit geschmückt, den Göttern gezeigt hat; denn dieses Gelübde habe ich getan, wenn ich ihn je siegreich zurückkehren sehen würde. Daß du ihm wirklich meine Botschaft bringst, soll er an diesem Siegelringe erkennen, den ich dir für ihn anvertraue." Lichas versprach alles auszurichten, wie die Herrin befohlen; er verweilte keinen Augenblick länger im Palast, sondern eilte mit der Gabe nach Euböa, um den opfernden Herrn nicht länger ohne Kunde von der Heimat zu lassen. Einige Tage vergingen, und der älteste Sohn des Herakles und der Deianira, Hyllos, war seinem Vater entgegengeeilt, um ihm die Ungeduld der harrenden Mutter zu schildern und ihn zu beschleunigter Heimkehr zu bewegen. Inzwischen hatte Deianira zufällig das Gemach wieder betreten, wo das Zaubergewand von ihr gefärbt worden war. Sie fand die Wollenflocke, wie sie dieselbe unachtsam hingeworfen, auf dem Boden liegend, dem Sonnenstrahl ausgesetzt und von ihm durchwärmt. Ihr Anblick aber entsetzte sie; denn die Wolle war zu Staub oder Sägspänen zusammengeschwunden, und aus den Überbleibseln zischte ein blasenvoller, giftiger Schaum auf. Eine dunkle Ahnung ergriff die jammervolle Frau, daß sie Unglückseliges begangen habe, und in entsetzlicher Unruhe durchirrte sie seit diesem Augenblick den Palast.

Endlich kam Hyllos zurück, aber ohne den Vater. „O Mutter," rief er ihr mit Abscheu zu, „ich wollte, du hättest nie gelebt, oder du wärst nie meine Mutter gewesen, oder die Götter hätten dir eine andere Sinnesart gegeben!" So unruhig die Fürstin schon vorher war, so erschrak sie doch mehr bei diesen Worten ihres Sohnes. „Kind", erwiderte sie ihm, „was ist denn so Gehässiges an mir?" „Ich komme vom Vorgebirge Kenaion, Mutter", entgegnete ihr der Sohn mit lautem Schluchzen, „du bist es, die mir den Vater dahingewürgt!" Deianira wurde totenbleich, doch raffte sie sich zusammen und sprach: „Von wem weißt du solches, mein Sohn, wer darf mich so entsetzlicher Untat zeihen?" „Kein fremder Mund hat mich belehrt", fuhr der Jüngling fort, „mit eigenen Augen habe ich mich von dem Jammerlose des Vaters überzeugt. Ich traf ihn auf dem Vorgebirge Kenaion, wo er eben dem Überwinder Zeus auf vielen Dankaltären zugleich Brandopfer schlachten wollte. Da erschien der Herold Lichas, sein Diener, mit deiner Gabe, deinem verfluchten, mörderischen Gewande. Deinem Auftrag folgend, legte der Vater das Unterkleid sogleich an, und damit geschmückt begann er die Opferung zwölf stattlicher Stiere. Anfangs betete der Unglückselige, deines schönen Schmuckes froh, voll Heiterkeit. Plötzlich aber, als die Opferglut schon gen Himmel flammte, durchbrach ein heftiger Schweiß seine Haut, das Gewand schien, wie vom Schmied angelötet, an seinen Seiten zu kleben, und ein Zucken fuhr durch sein ganzes Gebein. Als fräße eine

Natter an seinem Leibe, schrie der Gequälte brüllend nach Lichas, dem unschuldigen Überbringer deines giftigen Gewandes; dieser kam und wiederholte unbefangen deinen Auftrag; der Vater aber ergiff ihn am Fuße und warf ihn an die Felsen des Meeres, daß er zerschmettert in der aufspritzenden Flut untersank. Das ganze Volk jammerte bei dieser Tat des Wahnsinnes auf, und niemand wagte sich dem rasenden Helden zu nähern. Dieser wälzte sich bald auf dem Boden, bald sprang er heulend wieder empor, daß rings Fels und Waldgebirge widerhallten. Er verfluchte dich und euren Ehebund, der ihm zur Todesqual geworden. Endlich kehrte er sich zu mir und rief: „Söhnlein, wenn du Mitleid mit deinem Vater empfindest, so schiffe mit mir ohne Zögerung fort, daß ich nicht im fremden Lande sterbe!“ Auf dieses Verlangen legten wir den Armen in das Schiff, und unter Zuckungen brüllend ist er hier angelangt, und bald wirst du ihn lebendig oder tot vor dir sehen. Das alles ist dein Werk, Mutter. Den allerbesten Helden hast du jämmerlich dahingemordet!“

Deianira, ohne sich auf diese schreckliche Rede zu rechtfertigen, verließ ihren Sohn Hyllos in schweigender Verzweiflung. Das Hausgesinde, dem sie ihr Geheimnis, den Gatten sich durch des Nessos Zaubersalbe treu zu erhalten, früher anvertraut hatte, belehrte den Knaben, daß sein Jährzorn der Mutter unrecht getan. Er eilte der Unglücklichen nach, aber er kam zu spät. Sie lag im Schlafgemach tot auf dem Lager ihres Gatten ausgestreckt, die Brust mit einem zweischneidigen Schwert durchbohrt. Der Sohn umarmte jammernd die Leiche und streckte sich dann zu ihrer Seite hin, seine Unbedachtsamkeit beseufzend. Die Ankunft des Vaters im Palaste störte ihn aus dieser kläglichen Ruhe auf. „Sohn“, rief dieser, „Sohn, wo bist du? Zieh doch das Schwert gegen deinen Vater, durchhaue mir den Nacken und heile so die Wut, in welche deine gottlose Mutter mich versetzt hat! Zage nicht, sei mitleidig mit mir, mit einem Helden, der wie ein Mägdlein in Tränen schluchzen muß!“ Dann wandte er sich verzweiflungsvoll an die Umstehenden, streckte seine Arme aus und rief: „Kennet ihr diese Glieder, denen das Mark entsaugt ist, noch? Es sind dieselben, die den Schrecken der Hirten, den Nemeischen Löwen, gebändigt, die den Drachen von Lerna erwürgt, die den Erymanthischen Eber erlegen halfen, die den Kerberos aus der Hölle heraufgetragen! Kein Speer, kein wildes Tier des Waldes, kein Gigantenheer hat mich überwältigt; die Hand eines Weibes hat mich vertilgt! Darum, Sohn, töte mich und strafe deine Mutter!“

Aber als Herakles aus dem Munde seines Sohnes Hyllos unter heiligen Beteuerungen erfuhr, daß seine Mutter die unfreiwillige Ursache seines Unglücks gewesen und ihre Unbedachtsamkeit mit dem Selbstmorde gebüßt habe, wandte sich sein Sinn vom Zorn zur Wehmut. Er verlobte seinen Sohn Hyllos mit der gefangenen Jungfrau, die ihm selbst so lieb gewesen war, und da ein Orakel von Delphi gekommen, daß er auf dem Berge Öta, der zum Gebiete von Trachis gehörte, sein Leben beschließen müsse, so ließ er sich, seinen Qualen zum Trotz, auf den Gipfel dieses Berges tragen. Hier ward auf seinen Befehl ein Scheiterhaufen errichtet, auf welchem der kranke Held seinen Platz nahm. Und nun befahl er den Seinigen, den Holzstoß von unten anzuzünden. Aber niemand wollte ihm den traurigen Liebesdienst erweisen. Endlich entschloß sich auf die eindringliche Bitte des von Schmerzen bis zur Verzweiflung gequälten Helden sein Freund Philoktet, ihm den Willen zu tun. Zum Danke für diese Bereitwilligkeit reichte Herakles ihm seine unüberwindlichen Pfeile neben dem siegreichen Bogen. Sobald der Scheiterhaufen angezündet war, schlugen Blitze vom Himmel darein und beschleunigten die Flammen. Da senkte sich eine Wolke herab auf den Holzstoß und trug den Unsterblichen unter Donnerschlägen zum Olymp empor. Als nun, da der Scheiterhaufen schnell zur Asche verbrannt war, Iolaos und die anderen Freunde der Brandstätte sich näherten, die Überbleibsel des Helden zusammenzulesen, fanden sie kein einziges Gebein mehr. Sie konnten auch nicht länger zweifeln, daß Herakles, dem alten Götterspruch zufolge, aus dem Kreise der Menschen in den der Himmlischen versetzt worden sei, brachten ihm ein Totenopfer als einem Heros und weihten ihn so zu einer allmählich von ganz Griechenland verehrten Gottheit ein. Im Himmel empfing den vergötterten Herakles seine Freundin Athene und führte ihn in den Kreis der Unsterblichen. Hera selbst versöhnte sich mit ihm, nachdem er sein sterbliches Geschick vollendet. Sie gab ihm ihre Tochter Hebe, die Göttin der ewigen Jugend, zur Gemahlin, und diese gebar ihm droben im Olymp unsterbliche Kinder.

Perseus

Perseus, der Sohn des Zeus, wurde mit seiner Mutter Danae von dem Großvater Akrisios, Könige von Argos, dem ein Orakelspruch gesagt hatte, daß ein Enkel ihm Leben und Thron rauben würde, in einen Kasten eingeschlossen und ins Meer geworfen; Zeus behütete sie in den Stürmen des Meeres, und sie schwammen bei der Insel Seriphos ans Land. Dort herrschten zwei Brüder, Diktys und Polydektes. Diktys fischte eben, als der Kasten angeschwommen kam, und zog ihn ans Land. Beide Brüder nahmen sich der Verlassenen liebreich an; Polydektes erhob die Mutter zu seiner Gemahlin, und der Sohn des Zeus, Perseus, wurde von ihm sorgfältig erzogen.

Als Perseus herangewachsen war, überredete ihn sein Stiefvater, auf Taten auszuziehen und etwas Großes zu unternehmen. Der mutige Jüngling zeigte sich willig, und bald waren sie einig darüber, daß Perseus der Medusa ihr furchtbares Haupt abschlagen und dem Könige nach Seriphos bringen sollte. Perseus machte sich auf den Weg und kam unter Leitung der Götter in die ferne Gegend, wo Phorkys, der Vater vieler entsetzlicher Ungeheuer, hauste. Zuerst traf er auf drei seiner Töchter, die Graien oder Grauen; diese waren grauhaarig von Geburt an; alle drei miteinander hatten sie nur ein Auge und einen Zahn, den sie einander gegenseitig abwechslungsweise zum Gebrauche liehen. Perseus nahm ihnen beides weg, und als sie ihn flehentlich baten, das Unentbehrlichste ihnen doch wiederzugeben, zeigte er sich zur Zurückerstattung nur unter der Bedingung bereit, daß sie ihm den Weg zu den Nymphen zeigen sollten. Diese waren andere Wundergeschöpfe, die Flügelschuhe, einen Schubsack als Tasche und einen Helm von Hundefell besaßen. Wer sich damit bekleidete, konnte fliegen, wohin er wollte, sah, wen er wollte, und wurde von niemandem gesehen. Die Töchter des Phorkys zeigten dem Perseus den Weg zu den Nymphen und erhielten Zahn und Auge von ihm zurück. Bei den Nymphen fand und nahm er, was er wollte, warf den Schubsack um, schnallte die Flügelschuhe an seine Knöchel und setzte den Helm aufs Haupt. Dazu erhielt er von Hermes eine eherne Sichel, und so ausgerüstet flog er zu dem Ozean, wo die anderen drei Töchter des Phorkys, die Gorgonen, hausten. Die dritte, die Medusa hieß, war allein sterblich; darum war auch Perseus ausgesandt worden, ihr Haupt zu holen. Er fand die Ungeheuer schlafend, ihre Häupter waren mit Drachenschuppen übersät, mit Schlangen statt Haaren bedeckt; große Hauzähne hatten sie, wie Schweine, eherne Hände und goldene Flügel, mit welchen sie flogen. Jeden, der sie ansah, verwandelte dieser Anblick in Stein. Das wußte Perseus. Mit abgewandtem Gesicht stellte er sich deswegen vor die Schlafenden und fing nur in seinem ehernen, glänzenden Schild ihr dreifaches Bild auf. So erkannte er die Gorgo Medusa heraus. Athene führte ihm die Hand und schnitt dem schlafenden Ungeheuer ohne Gefährde das Haupt ab. Kaum war dies vollbracht, so entsprang dem Rumpfe ein geflügeltes Roß, der Pergasus, und ein Riese, Chrysaor. Beides waren Geschöpfe des Poseidon oder Neptunus. Perseus schob nun das Haupt der Medusa in den Schubsack und entfernte sich rücklings, wie er gekommen war. Indessen hatten sich die

Schwestern Medusas vom Lager erhoben. Sie erblickten den Rumpf der getöteten Schwester und erhoben sich auf ihren Fittichen, den Räuber zu verfolgen. Diesen aber verbarg der Nymphenhelm vor ihren Augen, und sie konnten ihn nirgends innewerden. In der Luft faßten inzwischen den Perseus die Winde und schleuderten ihn, wie Regengewölk, bald da-, bald dorthin. Als er über den Sandwüsten Libyens schwebte, rieselten blutige Tropfen vom Medusenhaupte auf die Erde nieder, welche sie auffing und zu bunten Schlangen belebte. Seitdem ist jenes Erdreich an feindseligen Nattern so ergiebig. Perseus flog nun weiter westwärts und senkte sich endlich im Reiche des Königes Atlas nieder, um ein wenig zu rasten. Dieser hütete einen Hain voll goldener Früchte mit einem gewaltigen Drachen. Umsonst bat der Besieger der Gorgone ihn um ein Obdach. Für sein goldenes Besitztum bange, stieß ihn Atlas unbarmherzig von seinem Palaste fort. Da ergrimmte Perseus und sprach: „Du willst mir nichts gönnen; empfange du wenigestens ein Geschenk von mir." Er holte die Gorgo aus seinem Schubsack hervor, wandte sich ab und streckte sie dem König Atlas entgegen. Groß wie der König war, wurde er augenblicklich zu Stein und in einen Berg verwandelt; Bart und Haupthaar dehnten sich zu Wäldern aus; Schultern, Hände und Gebein wurden Felsrücken; sein Haupt wuchs als hoher Gipfel in die Wolken. Perseus nahm seine Fittiche wieder und schnallte sie sich an die Sohlen, hängte sich den Schubsack um, setzte den Helm auf und schwang sich in die Lüfte. Auf seinem Flug kam er an eine Küste Äthiopiens, wo der König Kepheus regierte. Hier sah er an eine hervorragende Meeresklippe eine Jungfrau angebunden. Wenn nicht ihr Haupthaar ein Lüftchen bewegt hätte und in ihren Augen Tränen gezittert, so würde er sie für ein Marmorbild gehalten haben. Fast hätte er in der Luft die Flügel zu bewegen vergessen, so bezaubert war er von dem Reize ihrer Schönheit. „Sprich, schöne Jungfrau", redete er sie an, „du, die du ganz anderes Geschmeide verdientest, warum bis du hier in Banden? Nenne mir doch den Namen des Landes, nenne mir deinen eigenen Namen!" Das gefesselte Mädchen schwieg verschämt; sie scheute sich, den fremden Mann anzureden, und hätte gern ihr Angesicht mit den Händen bedeckt, wenn sie sich hätte regen können. So aber konnte sie nur ihre Augen mit quellenden Tränen füllen. Endlich, damit der Fremdling nicht glauben möchte, sie habe eine eigene Schuld vor ihm zu verbergen, erwiderte sie: „Ich bin Kepheus', des Königs der Äthiopier, Tochter und heiße Andromeda. Meine Mutter hat gegen die Töchter des Nereus, die Meeresnymphen geprahlt, schöner zu sein als sie alle. Darüber zürnten die Nereiden, und ihr Freund, der Meeresgott, ließ eine Überschwemmung und einen alles ver-

Perseus und Andromeda

schlingenen Haifisch über das Land kommen. Ein Orakelspruch versprach uns Befreiung von der Plage, wenn ich, die Tochter der Königin, dem Fische zum Fraße hingeworfen würde. Das Volk drang in meinen Vater, dieses Rettungsmittel zu ergreifen, und die Verzweiflung zwang ihn, mich an diesen Felsen zu binden."

Sie hatte die letzten Worte noch nicht ausgesprochen, als die Wogen aufrauschten und aus der Tiefe des Meeres ein Scheusal auftauchte, das mit seiner breiten Brust die ganze Wasserfläche umher einnahm. Das Mädchen jammerte laut auf; zugleich sah man Vater und Mutter herbeieilen, beide trostlos, doch in der Mutter Zügen drückte sich noch dazu das Bewußtsein der Schuld aus. Sie umarmten die gefesselte Tochter, aber sie brachten ihr nichts mit als Tränen und Wehklagen. Jetzt begann der Fremdling: „Zum Jammern wird euch noch Zeit genug übrigbleiben; die Stunde der Rettung ist kurz. Ich bin Perseus, der Sprößling des Zeus und der Danae; ich habe die Gorgone besiegt; und wunderbare Flügel tragen mich durch die Luft. Selbst wenn die Jungfrau frei wäre und zu wählen hätte, wäre ich kein verächtlicher Eidam! Jetzt werbe ich um sie mit dem Erbieten, sie zu retten. Nehmet ihr meine Bedingung an?" Wer hätte in solcher Lage gezaudert? Die erfreuten Eltern versprachen ihm nicht nur die Tochter, sondern auch ihr eigenes Königreich zur Mitgift.

Während sie dieses verhandelten, war das Untier wie ein schnellruderndes Schiff herangeschwommen und nur noch einen Schleuderwurf von dem Felsen entfernt. Da plötzlich, das Land mit dem Fuße abstoßend, schwang sich der Jüngling hoch empor in die Wolken. Das Tier sah den Schatten des Mannes auf dem Meer. Während es tobend auf diesen losging, als auf einen Feind, der ihm die Beute zu entreißen drohte, fuhr Perseus aus der Luft wie ein Adler herunter, trat schwebend auf den Rücken des Tieres und senkte das Schwert, mit dem er die Medusa getötet hatte, dem Haifisch unter dem Kopf in den Leib, bis an den Knauf. Kaum hatte er es wieder herausgezogen, so sprang der Fisch bald hoch in die Lüfte, bald tauchte er wieder unter in die Flut, bald tobte er nach beiden Seiten wie ein von Hunden verfolgter Eber. Perseus brachte ihm Wunde um Wunde bei, bis ein dunkler Blutstrom sich aus seinem Rachen ergoß. Indessen troffen die Flügel des Halbgottes, und Perseus wagte nicht länger, sich dem wasserschweren Gefieder anzuvertrauen. Glücklicherweise erblickte er ein Felsriff, dessen oberste Spitze aus dem Meere hervorragte. Auf diese Felswand stützte er sich mit der Linken und stieß das Eisen drei- bis viermal in das Gekröse des Ungetüms. Das Meer trieb die ungeheure Leiche fort, und bald war sie in den Fluten verschwunden. Perseus hatte sich indessen ans Land geschwungen, hatte den Felsen erklommen und die Jungfrau, die ihn mit den Blicken des Dankes und der Liebe begrüßte, der Fesseln entledigt. Er brachte sie den glücklichen Eltern, und der goldene Palast empfing ihn als Bräutigam. Noch dampfte das Hochzeitsmahl, und die Stunden strichen dem Vater und der Mutter, dem Bräutigam und der geretteten Braut in sorgenfreier Eile dahin, als plötzlich die Vorhöfe der Königsburg mit einem dumpfen, brausenden Getümmel sich füllten. Phineus, der Bruder des Königs Kepheus, der früher um seine Nichte Andromeda geworben, aber in der letzten Not sie verlassen hatte, nahte mit einer Schar von Kriegern und erneuerte seine Ansprüche. Den Speer schwingend, trat er in den Hochzeitssaal und rief dem erstaunten Perseus zu: „Sieh mich hier, der ich komme, die mir entrissene Gattin zu rächen; weder deine Flügel noch dein Vater Zeus sollen dich mir entreißen!" So rief er, schon zum Speerwurfe sich anschickend; da hub sich Kepheus, der König, vom Mahle. „Rasender Bruder", rief er, „welcher Gedanke treibt dich zur Untat? Nicht Perseus raubt dir die Geliebte; sie wurde dir schon damals entrissen, als wir sie dem Tode preisgaben, als du zusahest, wie sie gefesselt wurde, und weder als Oheim noch als Geliebter ihr deinen Beistand liehest. Warum hast du nicht selbst dir den Preis von dem Felsen geholt, an den er geschmiedet war? So laß wenigstens den, der ihn sich errungen hat, der mein Alter durch die Rettung meiner Tochter getröstet, in Ruhe!"

Phineus antwortete ihm nichts, er betrachtete nur abwechselnd mit grimmigen Blicken bald seinen Bruder, bald seinen Nebenbuhler, als besänne er sich, auf wen er zuerst zielen sollte. Endlich nach kurzem Verzuge schwang er mit aller Kraft, die der Zorn ihm gab, den Speer gegen Perseus; aber er tat einen Fehlwurf, und die Waffe blieb im Polster hängen. Jetzt fuhr Perseus vom Lager empor und schleuderte seinen Spieß nach der Türe, durch welche Phineus eingedrungen war, und er würde die Brust seines Todfeindes durchbohrt haben, wenn dieser sich nicht mit einem Sprunge hinter den Hausaltar geflüchtet hätte. Das Geschoß hatte die Stirne eines seiner Begleiter getroffen, und jetzt kam das Gefolge des Eingedrungenen mit den längst von der Tafel aufgestörten Gästen ins Handgemenge. Lang und mörderisch war der Kampf; aber der Eingebrochenen war die Mehrzahl. Zuletzt wurde Perseus, an dessen Seite sich umsonst die Schwiegereltern und die Braut schutzflehend stellten, von Phineus und seinen Tausenden umringt. Die Pfeile flogen an ihnen von allen Seiten vorbei wie Hagelkörner im Sturme. Perseus hatte die Schultern an einen Pfeiler gelehnt und sich so den Rücken gedeckt. Von da zur Heerschar der Feinde gewendet, hielt er den Anlauf der Feinde ab und streckte einen um den anderen nieder. Erst als er sah, daß die Tapferkeit der Menge erliegen müsse, entschloß er sich, das letzte, aber untrügliche Mittel, das ihm zu Gebote stand, zu gebrauchen. „Weil ihr mich genötigt", sprach er, „will ich mir die Hilfe bei meinem alten Feinde holen! Wende sein Antlitz ab, wer noch mein Freund ist!" Mit diesen Worten zog er aus der Tasche, die ihm immer an der Seite hing, das Gorgonenhaupt und streckte es dem ersten Gegner zu, der jetzt eben auf ihn eindrang. „Suche andere", rief dieser verächtlich beim ersten flüchtigen Blick, „die du mit deinen Mirakeln erschüttern kannst." Aber als seine Hand sich heben wollte, den Wurfspieß abzusenden, blieb er mitten in dieser Gebärde versteinert wie eine Bildsäule. Und so widerfuhr es einem nach dem anderen. Zuletzt waren nur noch zweihundert übrig. Da hub Perseus das Gorgonenhaupt hoch in die Luft empor, daß alle es erblicken konnten, und verwandelte die zweihundert auf einmal in starres Gestein. Jetzt erst bereute Phineus den unrechtmäßigen Krieg. Rechts und links erblickte er nichts als Steinbilder in der mannigfaltigsten Stellung. Er rief seine Freunde mit Namen, er berührte ungläubig die Körper der Zunächststehenden; alles war Marmor. Entsetzen faßte ihn, und sein Trotz verwandelte sich in demütiges Flehen. „Laß mir nur das Leben, dein seien das Reich und die Braut!" rief er und kehrte sein verzagendes Angesicht seitwärts. Aber Perseus, über den Tod seiner neuen Freunde erbittert, kannte kein Erbarmen. „Verräter", schrie er zornig, „ich will dir für alle Ewigkeit ein bleibendes Denkmal in meines Schwähers Hause stiften!" Und sosehr Phineus bemüht war, dem Anblicke zu entgehen, so traf doch bald das ausgestreckte Schreckensbild sein Auge: Sein Hals erstarrte, sein feuchter Blick erharschte zu Stein. So blieb er stehen mit furchtsamer Miene, die Hände gesenkt, in knechtischer, demütiger Stellung. Ohne Hindernis führte jetzt Perseus seine Geliebte, Andromeda, heim.

Lange glückliche Tage erwarteten ihn, und er fand auch seine Mutter Danae wieder. Doch sollte er an seinem Großvater Akrision das Verhängnis erfüllen. Dieser war aus Furcht vor dem Orakelspruche zu einem fremden Könige ins Pelasgerland geflohen. Hier half er Kampfspiele feiern, als eben Perseus ankam, der auf der Fahrt nach Argos begriffen war, wo er seinen Großvater begrüßen wollte. Ein unglücklicher Wurf mit der Scheibe traf den Großvater von des Enkels Hand, ohne daß dieser jenen kannte oder treffen wollte. Nicht lange blieb ihm verborgen, was er getan. In tiefer Trauer begrub er den Akrisios außerhalb der Stadt und vertauschte das Königreich, das ihm durch des Großvaters Tod zugefallen war. Doch verfolgte ihn der Neid des Geschickes nicht länger. Andromeda gebar ihm viele herrliche Söhne, und der Ruhm des Vaters lebte in ihnen fort.

Ion

Der König Erechtheus von Athen erfreute sich einer schönen Tochter, die Kreüsa hieß. Mit dieser hatte sich, ohne Wissen ihres Vaters, Apollo vermählt, und sie hatte ihm einen Sohn geboren, welchen sie aus Furcht vor dem Zorn ihres Vaters in eine Kiste verschloß und in der Höhle aussetzte, wo sie ihre heimlichen Zusammenkünfte mit dem Gotte gehalten hatte, in der Hoffnung, daß sich die Götter des Verlassenen erbarmen würden. Um aber den neugeborenen Knaben nicht ohne Erkennungszeichen zu lassen, hängte sie ihm den Schmuck um, den sie als Jungfrau zu tragen pflegte. Apollo, dem als einem Gott die Geburt seines Sohnes nicht verborgen geblieben war und der weder seine Geliebte verraten noch den Knaben ohne Hilfe lassen wollte, wandte sich an seinen Bruder Hermes, welcher als Götterbote, ohne Aufsehen zu erregen, zwischen Himmel und Erde zu verkehren hatte. „Lieber Bruder", sprach er, „eine Sterbliche hat mir ein Kind geboren, es ist die Tochter des Königes Erechtheus zu Athen. Aus Furcht vor ihrem Vater hat sie es in einem hohlen Felsen verborgen; hilf mir es retten, bring es in der Kiste, in der es liegt, und mit den Windeln, in die es gewickelt ist, nach meinem Orakel zu Delphi und lege es dort auf die Schwelle des Tempels. Das übrige laß meine Sorge sein, denn es ist mein Kind." Hermes, der geflügelte Gott, eilte nach Athen, fand den Knaben an der bezeichneten Stelle und trug ihn in dem geflochtenen Weidenkorbe, in welchem er verschlossen lag, nach Delphi, wo er ihn vor den Pforten des Tempels niedersetzte und den Deckel des Korbes öffnete, damit das Kind bemerklich würde. Dies geschah bei Nacht. Am anderen Morgen, als schon die Sonne emporstieg, kam die delphische Priesterin nach dem Tempel geschritten, und als sie ihn betreten wollte, fiel ihr Auge auf das neugeborene Kind, das in der Kiste schlummerte. Sie hielt dasselbe für die Frucht irgendeines Verbrechens und war schon geneigt, es von der heiligen Schwelle fortzustoßen, als das Mitleid doch in ihrer Seele die Oberhand gewann, denn der Gott wandte ihr Herz und sprach in demselben für seinen Sohn. Die Prophetin nahm also das Kind aus dem Korbe und zog es auf, ohne seinen Vater und seine Mutter zu kennen. Der Knabe erwuchs, um den Altar seines Vaters spielend, und wußte nichts von seinen Eltern. Er wurde ein stattlicher Jüngling. Die Bewohner von Delphi, die ihn schon als kleinen Tempelhüter gewohnt worden waren, setzten ihn zum Schatzmeister über alle Geschenke, die der Gott erhielt, und so brachte er fortwährend ein ehrbares und heiliges Leben im Tempel seines Vaters zu.

Inzwischen hatte Krëusa von dem Gotte nichts mehr erfahren und mußte wohl glauben, daß er ihrer und ihres Sohnes vergessen habe. Um diese Zeit gerieten die Athener in einen Krieg mit den Bewohnern der Nachbarinsel Euböa, der bis zur Vertilgung geführt wurde und in welchem die letzteren unterlagen. In diesem Kampfe war den Athenern besonders wirksam ein Fremdling aus Achaja beigestanden. Es war dies Xuthos, ein Sohn des Äolos, der selbst ein Sohn des Zeus war. Zum Lohne seiner Hilfe begehrte und erhielt er die Hand der Königstochter Krëusa; aber es war, als ob der ihr heimlich angetraute Gott die Geliebte seinen Zorn empfinden ließe, daß sie sich einem anderen vermählt hatte, denn ihre

Ehe war nicht mit Kindern gesegnet. Nach langer Zeit verfiel Krëusa auf den Gedanken, sich an das Orakel zu Delphi zu wenden und von ihm Kindersegen zu erflehen. Dies war es, was Apollo gewollt; denn er hatte seinen Sohn keineswegs vergessen. So brach die Fürstin mit ihrem Gemahl und einem kleinen Gefolge von Dienerinnen auf und wallfahrtete zu dem Tempel nach Delphi. Als sie vor dem Gotteshause ankamen, trat gerade der junge Sohn Apollos über die Schwelle, um gewohnterweise das Tor und den Vorhof mit Lorbeerzweigen zu fegen. Da fiel sein Auge auf die edle Matrone, welche auf die Tore des Tempels zugewandelt kam und der beim Anblick des Heiligtums Tränen über die Wangen rollten. Er wagte es, die Frau, deren würdige Gestalt ihm auffiel, bescheiden um die Ursache ihres Kummers zu befragen: „Es wundert mich nicht, o Jüngling“, erwiderte sie seufzend, „daß meine Traurigkeit deinen Blick auf sich zieht; habe ich doch Geschicke zu beweinen, die man mir wohl ansehen mag. Die Götter verfahren oft hart mit uns Sterblichen!“ „Ich will deinen Kummer nicht weiter stören“, sprach der Jüngling, „aber sage mir, wenn es zu wissen erlaubt ist, wer du bist und von wannen du kommst.“ „Ich bin Krëusa“, antwortete die Fürstin, „mein Vater heißt Erechtheus, mein Vaterland ist Athen.“ Mit unschuldiger Freude rief der Jüngling: „Ei, aus welchem berühmten Lande, aus welch berühmtem Geschlechte stammst du! Aber sage mir, ist es wahr, wie man es auf Bildern bei uns sieht, daß deines Vaters Großvater Erichthonios aus der Erde wie ein anderes Gewächs emporgesprossen ist, daß die Göttin Athene den erdgeborenen Knaben in eine Kiste eingeschlossen, ihm zwei Drachen als Wächter beigegeben und das Kistchen den Töchtern des Kekrops zur Bewahrung überlassen habe; daß diese aus Neugierde dasselbe eröffnet und beim Anblick des Knaben in

Wahnsinn geraten und sich von dem Felsen der Kekropischen Burg herabgestürzt?“ Krëusa bejahte die Frage schweigend, denn das Schicksal ihres Urahns erinnerte sie an das Geschick ihres verlorenen Sohnes. Dieser aber, der vor ihr stand, fuhr fort, unbefangen weiter zu fragen: „Sage mir auch, hohe Fürstin, ist es wahr, daß dein Vater Erechtheus seine Töchter, deine Schwestern, auf den Ausspruch eines Orakels und mit ihrem freien Willen dem Tode geopfert, um über die Feinde zu siegen? Und wie kam es, daß du allein gerettet worden bist?“ „Ich war“, sprach Krëusa, „ein neugeborenes Kind und lag in den Armen der Mutter.“ „Und ist es auch wahr“, so fragte der Jüngling weiter, „daß dein Vater Erechtheus von einem Erdspalt verschlungen worden ist, daß der Dreizack Poseidons ihn verderbt hat und daß in der Nähe seines Erdgrabes eine Grotte ist, die mein Herr, der pythische Apollo, so lieb hat?“ „O schweige mir von jener Grotte, Fremdling“, unterbrach ihn seufzend Krëusa, „in ihr ist eine Treulosigkeit und ein großer Frevel begangen worden.“ Die Fürstin schwieg eine Weile, sammelte sich wieder und erzählte dem Jüngling, in welchem sie den Tempelhüter des Gottes erkannte, daß sie die Gemahlin des Fürsten Xuthos und mit diesem nach Delphi gewallfahrtet sei, um für ihre unfruchtbare Ehe den Segen Gottes zu erflehen. „Phöbos Apollo“, sprach sie mit einem Seufzer, „kennt die Ursache meiner Kinderlosigkeit; er allein kann mir helfen.“ „So bist du kinderlos, Unglückliche?“ sagte betrübt der Jüngling. „Ich bin es längst“, erwiderte Krëusa, „und ich muß deine Mutter beneiden, guter Jüngling, die sich eines so holdseligen Sohnes erfreut.“ „Ich weiß nichts von einer Mutter und von einem Vater“, gab der junge Mann betrübt zur Antwort, „ich lag nie an eines Weibes Brust, ich weiß auch nicht, wie ich hierhergekommen bin; nur soviel weiß ich aus dem Munde meiner Pflegemutter, der Priesterin dieses Tempels, daß sie sich meiner erbarmt und mich großgezogen hat; das Haus des Gottes ist seitdem meine Wohnung, und ich bin sein Knecht." Bei diesen Mitteilungen wurde die Fürstin sehr nachdenklich, doch drängte sie ihre Gedanken in die Brust zurück und sprach die traurigen Worte: „Mein Sohn, ich kenne eine Frau, der es gegangen ist wie deiner Mutter; um ihretwillen bin ich hierhergekommen und soll das Orakel befragen. So will ich denn dir, als dem Diener des Gottes, ihr Geheimnis anvertrauen, bevor ihr jetziger Gatte, der diese Wallfahrt auch gemacht, aber unterwegs abgelenkt ist, um das Orakel des Trophonios zu hören, den Tempel betritt. Jene Frau behauptet, vor ihrer jetzigen Ehe mit dem großen Gotte Phöbos Apollo vermählt gewesen zu sein und ihm ohne Wissen ihres Vaters einen Sohn geboren zu haben. Diesen setzte sie aus und weiß seitdem nichts mehr von ihm, nicht, ob er das Sonnenlicht schaut oder nicht. Über sein Leben oder seinen Tod den Gott auszuforschen, bin ich im Namen meiner Freundin hierhergekommen.", „Wie lange ist es her, daß der Knabe tot ist?" fragte der Jüngling. „Wenn er noch lebte, so hätte er dein Alter, o Knabe", sprach Krëusa. „O wie ähnlich ist das Schicksal deiner Freundin und das meine!" rief mit dem Ausdruck des Schmerzes der junge Mann. „Sie sucht ihren Sohn, und ich suche meine Mutter. Doch ist, was ihr geschehen ist, fern von diesem Lande geschehen, und leider sind wir beide einander ganz fremd. Hoffe auch nicht, daß der Gott von seinem Dreifuße dir die gewünschte Antwort erteilen wird. Bist du doch gekommen, ihn im Namen deiner Freundin einer Treulosigkeit anzuklagen; er wird nicht über sich selbst Richter sein wollen!" „Halt ein, Jüngling", rief jetzt Krëusa, „dort sehe ich den Gatten jener Frau herannahen, laß dir nichts von dem anmerken, was ich dir, vielleicht allzu vertraulich, vorgeplaudert habe."

Xuthos kam fröhlich in den Tempel und auf seine Gemahlin zugeschritten. „Frau“, rief er ihr entgegen, „Trophonios hat einen glücklichen Ausspruch getan; ich soll nicht ohne Kinder von hinnen ziehen! Aber sage mir, wer ist dieser junge Prophet des Gottes?“ Der Jüngling trat dem Fürsten bescheiden entgegen und erzählte ihm, wie er nur der Tempeldiener Apollos sei und im innersten Heiligtum die vornehmsten Delphier selbst, durchs Los ausgewählt, den Dreifuß umlagern, von dem jetzt eben die Priesterin Orakel zu geben bereit sei. Als der Fürst dieses hörte, befahl er Krëusa, sich mit den Zweigen zu schmücken, welche Bittflehende zu tragen pflegen, und an dem Altare des Gottes, der mit Lorbeer umwunden unter freiem Himmel stand, zu Apollo zu beten, daß er ihnen ein günstiges Orakel senden möge. Er selbst eilte nach dem Heiligtum des Tempels, indes der junge Schatzmeister des Gottes im Vorhofe seine Wache fortsetzte. Es hatte nicht sehr lange gedauert, so hörte dieser die Türen des innersten Heiligtums gehen und sich dröhnend wieder schließen, dann sah er den Xuthos in freudiger Bestürzung herauseilen; dieser warf sich mit Ungestüm dem Jüngling um den Hals, nannte ihn zum wiederholten Male seinen Sohn und verlangte seinen Handschlag und Kindeskuß. Der junge Mann aber, der von alledem nichts begriff, hielt den Alten für wahnsinnig und stieß ihn mit jugendlicher Kraft von sich. Doch Xuthos ließ sich nicht abweisen. „Der Gott selbst hat es mir geoffenbart“, sprach er, „sein Spruch lautete: Der erste, der mir draußen begegnen würde, der sei mein Sohn und ein Göttergeschenk. Wie das möglich ist, weiß ich zwar nicht, denn meine Gattin hat mir nie zuvor Kinder geboren. Doch traue ich dem Gott; mag er selbst sein Geheimnis enthüllen.“ Jetzt gab sich auch der Jüngling der Freude hin; doch halb nur, und mitten unter den Küssen und Umarmungen seines

Vaters mußte er seufzen: „O geliebte Mutter, wer bist du, wo bist du? Wann wird es mir vergönnt sein, auch dein teures Antlitz zu schauen?“ Dazu kamen ihm große Zweifel, wie die kinderlose Gemahlin des Xuthos, die er nicht zu kennen glaubte, ihn als unerwarteten Stiefsohn aufnehmen, wie die Stadt Athen den nicht gesetzlichen Erben ihres Fürsten empfangen würde. Sein Vater hieß ihn aber guten Mutes sein; er versprach ihm, ihn den Athenern und seiner Gattin als einen Fremdling und nicht als seinen Sohn vorzustellen, und gab ihm den Namen Ion, das heißt Gänger, weil er im Tempel den ihm Entgegengehenden als seinen Sohn erkannt hatte.

Krëusa war inzwischen von dem Altare Apollos, vor dem sie sich betend niedergeworfen hatte, nicht gewichen. Sie wurde endlich in ihrem brünstigen Flehen von ihren Dienerinnen unterbrochen, welche sich ihr unter Wehklagen nahten. „Unglückliche Herrin“, riefen sie ihr entgegen, „dein Gatte zwar ist in große Freude versetzt, du aber wirst nie ein eigenes Kind in deine Arme nehmen und an deine Brust legen. Ihm freilich hat Apollo einen Sohn gegeben, einen erwachsenen Sohn, den ihm vor Zeiten wer weiß welch ein Nebenweib geboren hat; als er aus dem Tempel trat, kam ihm dieser entgegen. Er wird sich seines wiedergefundenen Kindes freuen, du aber wirst wie zuvor einer Witwe gleich im öden Hause wohnen.“ Die arme Fürstin, deren Geist der Gott selbst mit Blindheit geschlagen zu haben schien, daß sich ein so naheliegendes Geheimnis ihr nicht enthüllte, brütete über ihrem traurigen Schicksal eine Weile fort. Endlich fragte sie nach der Person und dem Namen des Stiefsohnes, den sie so unvermutet erhalten hatte. „Es ist der junge Tempelhüter, den du schon kennst“, erwiderten die Dienerinnen, „sein Vater hat ihm den Namen Ion gegeben; wer seine Mutter ist, wissen wir nicht; jetzt ist dein Gatte zu dem Altare des Bakchos gegangen, um heimlich für seinen Sohn zu opfern und dann mit ihm den Erkennungsschmaus zu feiern. Uns hat er unter Androhung des Todes verboten, dir, o Herrin, die Geschichte zu entdecken, nur unsre große Liebe zu dir hat uns vermocht dieses Verbot zu übertreten. Du wirst uns ja nicht bei ihm verraten!“ Jetzt trat aus dem Gefolge ein alter Diener hervor, der dem Stamme der Erechthiden mit blinder Treue anhing und seiner Gebieterin mit großer Liebe zugetan war. Dieser schalt den Fürsten Xuthos einen treulosen Ehebrecher und ließ sich von seinem Eifer so weit verleiten, daß er ihr das Anerbieten machte, den Bastard, der das Erbe der Erechthiden unrechtmäßigerweise an sich bringen würde, aus dem Wege zu räumen. Kreusa glaubte sich von ihrem Gatten und von ihrem früheren Geliebten, dem Gott Apollo, verlassen, und betäubt von ihrem Kummer, lieh sie den frevelhaften Anschlägen des Greises allmählich ihr Ohr und machte ihn auch zum Vertrauten ihres Verhältnisses zu dem Gott.

Als Xuthos mit Ion, in welchem er unbegreiflicherweise einen Sohn gefunden zu haben meinte, den Tempel des Gottes verlassen hatte, begab er sich mit ihm nach dem doppelten Gipfel des Berges Parnassos, wo der Gott Bakchos, nicht weniger heilig als Apollo selbst, von den Delphiern verehrt und mit seinem wilden Orgiendienste von den Frauen gefeiert wurde. Nachdem er hier ein Trankopfer ausgegossen, zum Danke für den gefundenen Sohn, errichtete Ion im Freien mit Hilfe der Diener, die ihn begleitet hatten, ein herrliches und geräumiges Zelt, das er mit schön gewirkten Teppichen bedeckte, die er aus Apollos Tempel hatte herbeischaffen lassen. In dem Zelte wurden lange Tafeln aufgestellt und mit silbernen Schüsseln voll köstlicher Speisen und goldenen Bechern voll des edelsten Weines belastet; dann sandte der Athener Xuthos seinen Herold in die Stadt Delphi und lud sämtliche Einwohner ein, an seiner Freude teilzunehmen. Bald füllte sich das große Zelt mit bekränzten Gästen, und sie tafelten in Herrlichkeit und Freude. Beim Nachtische trat ein alter Mann, dessen sonderbare Gebärden den Gästen zur Belustigung dienten, mitten in den Saal des Zeltes und maßte sich das Amt des Mundschenken an. Xuthos erkannte in ihm jenen greisen Diener seiner Gemahlin Krëusa, lobte den Gästen seinen Eifer und seine Treue und ließ ihn arglos schalten. Der Alte stellte sich an den Schenktisch und fing an, sich der Becher anzunehmen und die Gäste zu bedienen. Als nun gegen Schluß des Mahles die Flöten ertönten, befahl er den Knechten, die kleinen von der Tafel wegzunehmen und den Gästen große silberne und goldene Trinkgefäße vorzusetzen. Er selbst ergriff das herrlichste Gefäß und trat, als wollte er damit seinen neuen jungen Herrn ehren, an den Schenktisch, füllte es zuoberst mit köstlichem Weine, schüttete aber zugleich unvermerkt ein tödliches Gift in den Becher. Indem er sich nun damit dem Ion näherte und einige Tropfen des Weines als Trankopfer auf den Boden goß, entfuhr zufälligerweise einem der nahe stehenden Knechte ein Fluch. Ion, der unter den heiligen Gebräuchen des Tempels aufgewachsen war, erkannte darin eine böse Vorbedeutung und befahl, indem er den vollen Becher auf den Boden schüttete, daß ihm ein neuer Becher gereicht würde, aus welchem er selbst feierlich das Trankopfer ausgoß, während alle Gäste aus ihren Bechern dasselbe taten. Während dies geschah, flatterte eine Schar heiliger Tauben, die im Tempel des Apollo unter dem Schirme des Gottes aufgefüttert wurden, lustig in das Zelt herein. Als sie die Ströme Weines sahen, die von allen Seiten ausgegossen wurden, ließen sie sich, lüstern gemacht, auf den Boden nieder und fingen an, von dem herumschwimmenden Weine mit ausgereckten Schnäbeln zu nippen. Und allen übrigen schadete das Trankopfer nicht; nur die eine Taube, die sich an die Stelle gesetzt hatte, wo Ion seinen ersten Becher ausgegossen, schüttelte, sowie sie den Trank gekostet hatte, krampfhaft ihre Flügel, fing, zum Staunen aller Gäste, zu ächzen und zu toben an und starb unter Flügelschlag und Zuckungen. Da erhub sich Ion von seinem Sitz, streifte sein Gewand zürnend von den Armen, ballte die Fäuste und rief: „Wo ist der Mensch, der mich töten wollte? Rede, Alter! Denn du hast deine Hand dazu geliehen, du hast mir den Trank gemischt!" Damit faßte er den Greis bei der Schulter, um ihn nicht wieder loszulassen. Dieser, überrascht und erschrocken, gestand die ganze Freveltat als von Krëusen herrührend. Da verließ der durch Apollos Orakel für des Xuthos Sohn erklärte Ion das Zelt, und alle Gäste folgten ihm in wilder Aufregung nach. Als er draußen im Freien stand, erhob er die Hände, umringt von den vornehmsten Delphiern, und sprach: „Heilige Erde, du bist mein Zeuge, daß dieses fremde Erechthidenweib mich mit Gift aus dem Wege räumen will!" „Steiniget, steiniget sie!" erscholl es von der Versammlung der Delphier wie aus einem Munde; und die ganze Stadt brach mit Ion auf, die Verbrecherin zu suchen. Xuthos selbst, dem die schreckliche Entdeckung seine Besinnung geraubt hatte, wurde von dem Strome mit fortgerissen, ohne zu wissen, was er tat.

Krëusa hatte am Altar Apollos die Früchte ihrer verzweifelten Tat erwartet. Diese aber keimten ganz anders auf, als sie vermutet hatte. Ein Tosen aus der Ferne schreckte sie aus ihrer Versunkenheit auf, und noch ehe es ganz nahe kam, war dem heranstürmenden Haufen einer der Knechte ihres Gemahls, der ihr selbst vor anderen getreu war, vorangeeilt und hatte kaum Zeit gehabt, die Entdeckung ihres Frevels und den Beschluß, den das Volk von Delphi gefaßt hatte, ihr zu melden. Ihre Dienerinnen scharten sich um sie. „Halte dich fest am Altar, Gebieterin", riefen sie, „denn sollte dich auch der heilige Ort nicht vor deinen Mördern schützen, so werden sie doch durch deine Ermordung eine unsühnbare Blutschuld auf sich laden!" Indessen kam die tobende Schar der Delphier, von Ion angeführt, dem Altare immer näher. Noch ehe sie bei demselben angelangt waren, hörte man des Jünglings zürnende Worte, die der Wind durch die Lüfte führte: „Die Götter haben es gut mit mir gemeint", rief er in lautem Grimmen, „daß dieser Frevel mich von der Stiefmutter befreien sollte, die mich zu Athen erwartet. Wo ist die Verruchte, die Viper mit der Giftzunge, der Drache mit dem todspeienden Flammenauge? Auf, daß die Mörderin vom höchsten Felsen in den Abgrund gestürzt werde!" Das ihn begleitende Volk brüllte Beifall.

Jetzt waren sie am Altare angekommen, und Ion zerrte an der Frau, die seine Mutter war und in der er nur seine Todfeindin erkannte, um sie von dem Asyl, auf dessen Heiligkeit und Unverletzlichkeit sie sich berief, hinwegzureißen. Aber Apollo wollte nicht, daß sein eigener Sohn der Mörder seine Mutter würde. Auf seinen göttlichen Wink war das Gerücht von dem gedrohten Verbrechen Krëusens und der Strafe, welche sie dafür erwartete, schnell bis in den Tempel und zu den Ohren der Priesterin gedrungen, und der Gott hatte ihren Sinn erleuchtet, so daß sie einen raschen Blick in den Zusammenhang aller Ereignisse warf und ihr plötzlich klarwurde, daß ihr Pflegling Ion nicht des Xuthos, wie sie selbst nebelhaft prophezeit hatte, sondern Apollos und Krëusas Sohn sei. Sie verließ den Dreifuß und suchte das Kistchen hervor, in welchem der neugeborene Knabe samt einigen Erkennungszeichen, die sie gleichfalls sorgsam aufbewahrt hatte, einst zu Delphi vor dem Tempeltor ausgesetzt worden war. Mit diesem im Arme, eilte sie ins Freie und nach dem Altare, wo Krëusa gegen den eindringenden Ion um ihr Leben kämpfte. Als Ion die Priesterin herannahen sah, ließ er sogleich von seiner Beute ab, ging ihr ehrerbietig entgegen und rief: „Sei mir willkommen, liebe Mutter, denn so muß ich dich nennen, obgleich du mich nicht geboren hast! Hörst du, welchen Nachstellungen ich entgangen bin? Kaum habe ich einen Vater gefunden, so sinnt auch schon die böse Stiefmutter auf meinen Tod! Nun sage mir, Mutter, was soll ich tun; denn deiner Mahnung will ich folgen!“ Die Priesterin erhob warnend ihren Finger und sprach: „Ion, geh mit unbefleckter Hand und unter günstigen Vogelzeichen nach Athen!“ Ion besann sich eine Weile, ehe er antwortete. „Ist denn der nicht fleckenlos“, sprach er endlich, „der seine Feinde tötet?“ „Tue du nichts also, bis du mich gehört hast“, sagte die ehrwürdige Frau. „Siehst du dies alte Körbchen, das ich, mit frischen Kränzen umwunden, in meinen Armen trage? In diesem bist du einst ausgesetzt worden, aus ihm habe ich dich hervorgezogen.“ Ion staunte. „Davon Mutter“, sprach er, „hast du mir nie etwas gesagt. Warum hast du es so lange vor mir verborgen?“ „Weil der Gott“, antwortete die Priesterin, „dich bis hierher zu seinem Priester haben wollte. Jetzt, wo er dir einen Vater gegeben hat, entläßt er dich nach Athen.“ „Was soll mir aber dieses Kistchen helfen?“ fragte Ion weiter. „Es enthält die Windeln, in welchen du ausgesetzt worden bist, lieber Sohn!“ antwortete die Priesterin. „Meine Windeln?“ sprach Ion heftig. „Nun, das ist ja eine Spur, die mich auf meine rechte Mutter führen kann. O erwünschte Entdeckung!“ Die Priesterin hielt ihm nun das offene Kistchen hin, und Ion griff gierig hinein und zog die reinlich zusammengewickelte Leinwand heraus. Während er seine betränten Augen auf die kostbaren Überbleibsel heftete, hatte sich Krëusas Angst allmählich verloren und ein Blick auf das Kistchen ihr die ganze Wahrheit entdeckt. Mit einem Sprunge verließ sie den Altar, und mit dem Freudenrufe: „Sohn!“ hielt sie den staunenden Ion umschlungen. Diesem schlich sich aufs neue Mißtrauen ins Herz, er fürchtete die Umarmungen der Fremden als eine Hinterlist und wollte sich unwillig losmachen. Aber Kreusa selbst raffte sich zusammen, trat einige Schritte zurück und sprach: „Diese Leinwand soll für mich zeugen, Kind! Wickle sie getrost auseinander; du wirst die Zeichen finden, die ich dir angebe. Die Stickerei, die sie schmückt, ist das Werk meiner mädchenhaften Nadel. In der Mitte des Gewebes muß sich das Gorgonenhaupt befinden, umringt von Schlangen, wie auf dem Ägisschilde!“ Ungläubig entfaltete Ion die Windeln, aber mit einem plötzlichen Freudenschrei rief er aus: „O großer Zeus, hier ist die Gorgone, hier sind die Schlangen!“ „Noch nicht genug“, sprach Kreusa, „es müssen in dem Kistchen auch kleine goldene Drachen sein, zur Erinnerung an die Drachen in der Kiste des Erichthonios; ein Halsschmuck für das neugeborene Knäbchen.“ Ion durchforschte den Korb weiter, und mit wonnigem Lächeln zog er bald auch die Drachenbilder hervor. „Das letzte Zeichen“, rief Kreusa, „muß ein Kranz aus den unverwelklichen Oliven sein, die vom erstgepflanzten Ölbaume Athenes stammen und den ich meinem neugeborenen Knaben aufgesetzt.“ Ion durchsuchte den Grund des Kistchens, und seine Hand brachte einen schönen grünen Olivenkranz hervor. „Mutter, Mutter!“ rief er mit einer von schluchzenden Tränen unterbrochenen Stimme, fiel Kreusen um den Hals und bedeckte ihre Wangen mit Küssen. Endlich riß er sich von ihrem Halse los und verlangte nach seinem Vater Xuthos. Da entdeckte ihm Kreusa das Geheimnis seiner Geburt und wie er des Gottes Sohn sei, dem er so lang und getreu im Tempel gedient habe. Auch die früheren Verwicklungen und die letzte Verirrung Krëusens wurden ihm jetzt klar, und er fand selbst den verzweifelten Anschlag seiner Mutter auf des unbekannten Sohnes Leben verzeihlich. Xuthos nahm den Ion, obgleich nur als Stiefsohn, doch auch so als ein teures Göttergeschenk in seine Arme, und alle drei erschienen wieder im Tempel, dem Gotte zu danken. Die Priesterin aber weissagte von ihrem Dreifuß herab, daß Ion der Vater eines großen Stammes werden sollte, Ionier nach seinem Namen genannt; auch dem Xuthos weissagte sie Nachkommenschaft von Krëusen, einen Sohn, der Doros heißen und der weltberühmten Dorier Vater werden sollte. Mit so freudigen Erfüllungen und Hoffnungen brach das Fürstenpaar von Athen mit dem glücklich gefundenen Sohn nach der Heimat auf, und alle Einwohner Delphis gaben ihm das Geleite.